CIBERCRIME

NÃO SEJA UMA VÍTIMA

Pedro Rama

CIBERCRIME:
NÃO SEJA UMA VÍTIMA

Autor: Pedro Rama

AVISO LEGAL

O propósito deste livro é informar o leitor, auxiliando-o na tomada de decisão sobre estratégias de proteção a adoptar aquando de um eventual contacto com esquemas cibercriminosos. O autor apresenta vários métodos que podem ser usados como prevenção. Contudo, o leitor não deve adoptar tais métodos sem primeiro os analisar. Todos os métodos e estratégias de prevenção apresentadas neste livro representam apenas a opinião do autor, devendo por isso ser analisadas de forma crítica e usadas caso seja essa a decisão do leitor.

Se o leitor se encontrar numa situação em que precise de ajuda, deve contactar as autoridades do seu país ou quaisquer outras entidades que entenda necessárias, com vista à sua proteção. Nada neste livro é um conselho oficial.

Quaisquer comportamentos adoptados em virtude do que se encontra escrito neste livro serão sempre da única e exclusiva responsabilidade de quem os adoptar.

APRESENTAÇÃO

Nos dias de hoje o ciberespaço está cada vez mais presente nas nossas vidas. Atualmente acabamos por passar mais tempo na internet do que no mundo real. É na internet que compramos o que precisamos, que agendamos serviços, que mantemos vivas as nossas relações pessoais, que criamos novas relações, que trabalhamos, enfim... O ciberespaço é o nosso novo mundo.

Cada um de nós, individualmente, já se adaptou a essa mudança. As empresas e instituições públicas também se aperceberam da mudança de comportamentos e também se adaptaram. E os criminosos? Os criminosos também se aperceberam das mudanças e, obviamente, também se moldaram a esta nova realidade. Se as vítimas estão no ciberespaço, os criminosos passaram também a atuar online, dando origem à nova realidade criminal - o cibercrime.

A internet fez desaparecer as distâncias. Atualmente, comunica-se com um colega de trabalho no mesmo edifício com a mesma facilidade que se comunica com alguém que está a dois quarteirões de distância, ou com alguém que está noutro país ou noutro continente. Além disso, numa conversa através da internet, um interlocutor não tem forma de saber onde o outro está fisicamente. Alguém com más intenções faz destas realidades uma vantagem, fazendo crer que está num local onde efetivamente não está. Dessa forma consegue criar um cenário de engano que pode depois usar para concretizar um crime.

As comunicações online de hoje em dia permitem também um anonimato de parte a parte. Online, o cibercriminoso consegue anonimizar-se facilmente enquanto troca mensagens com a vítima.

Neste livro vamos abordar vários crimes de *Burla* (em português do Brasil *Estelionato*, em Inglês *Scam* ou *Fraud*) cometidos através da internet. A concretização deste tipo de crimes tem sempre por base a criação de um engano na vítima. No passado, para criar esse engano, os criminosos tinham que estar pessoalmente com a vítima. Hoje em dia, com a utilização massiva da internet, o criminoso pode estar em África e a vítima na Europa, as distâncias desapareceram. O criminoso consegue chegar à fala com a vítima através da internet e consegue cometer os mesmos crimes, como se estivessem juntos pessoalmente. Através da internet é mais fácil ao criminoso criar um cenário de engano, pois a sua aparência física não entra como ingrediente na análise da situação de parte a parte. Na internet todos nós somos quem queremos e os criminosos tiram partido dessa vantagem.

Além disso, joga também a favor do criminoso o facto de as comunicações online ocorrerem maioritariamente através de mensagens escritas (email, whatsapp, messenger, etc.). Este facto retira a necessidade do imediatismo das respostas no decorrer das conversas. O criminoso tem agora tempo para pensar nas respostas que deve dar para manter a sua mentira. O cibercriminoso pode ainda utilizar serviços de tradução automáticos e gratuitos online, conseguindo comunicar com qualquer pessoa do mundo, independentemente da sua língua. Com estas ferramentas, os criminosos podem agora procurar e provocar vítimas em todo o mundo, aumentando assim exponencialmente as suas hipóteses de sucesso.

Conforme já foi dito, o cibercrime anda sempre à volta da criação de um engano pelo criminoso. Com base nesse engano, ele vai levar a que a vítima lhe forneça dados, credenciais de acesso, que lhe envie dinheiro, mercadoria ou qualquer outro bem. Salvo raras excepções, a maioria dos cibercrimes tiram sempre partido do ponto mais fraco de toda a cadeia de comunicação que são as pessoas. Quer queiramos quer não, todos nós, humanos, estamos *programados* para acreditar no que nos dizem. Se os cibercriminosos disserem uma mentira qualquer, desde que plausível, as vítimas vão acreditar nessa mentira, aceitando-a como verdade e vão agir em conformidade com essa suposta *verdade*. Quer queiramos quer não, essa é norma do comportamento humano e os cibercriminosos sabem-no e tiram partido disso.

PORQUÊ ESTE LIVRO?

Efetivamente, muito já se escreveu sobre cibercrime. Nos dias de hoje, facilmente se encontram livros sobre legislação do cibercrime, legalidade das técnicas de recolha de elementos de prova em ambiente digital, ética na investigação do cibercrime, ou outros assuntos ligados ao Direito, legislação e punição dos crimes praticados através da internet. Esses livros visam normalmente demonstrar e analisar as dificuldades dos legisladores em regular atividades ilícitas online, explorando e discutindo conceitos legais, desconhecidos pela grande maioria dos cidadãos comuns. Esses livros não são direcionados àqueles que podem vir a ser as vítimas desses crimes. O propósito desses livros não é evitar que as pessoas se tornem vítimas. O propósito desses livros é discutir a forma de punir os cibercriminosos depois de os crimes terem acontecido. Esses livros abordam e atuam após o crime ter ocorrido e não antes.

De igual forma, também existem nas livrarias inúmeros livros sobre questões técnicas do fôro informático. Tais livros debruçam-se sobre proteção de sistemas informáticos, análise de *software malicioso*, análise de ataques comuns a redes informáticas, prevenção do cibercrime através de meios técnicos de protecção das redes, ou sobre técnicas de recuperação de cenários de catástrofe (depois do crime ter acontecido).

Embora tais livros sejam obviamente importantes, cada qual na sua área, o certo é que não atacam, a nosso ver, o cerne da questão em termos de prevenção. As vítimas do cibercrime são na sua esmagadora maioria cidadãos comuns, sem qualquer conhecimento técnico de legislação ou de informática. As vítimas deste tipo de crimes são comuns utilizadores da internet, que apenas seguem intuitivamente as indicações dos sites quando navegam, compram, vendem ou simplesmente comunicam na internet. As vítimas

11

limitam-se a carregar nos botões e nos links que por instinto acham que devem (ou que são levados a clicar pelo *marketing*), sem ter a mínima noção do que acontece por detrás de cada *"carregar de botão"*. Outra coisa não seria de esperar, pois todos os serviços na internet estão feitos precisamente para que o seu utilizador não necessite de qualquer conhecimento técnico para navegar.

É por isso que os livros sobre legislação do cibercrime e sobre aspectos técnicos dos ataques informáticos de nada servem à real prevenção da ocorrência dos cibercrimes. Esses livros não têm sequer como público alvo as vítimas. Tanto mais que são habitual e logicamente escritos numa linguagem muito técnica, imperceptível a quem não está nesses meios.

Facilmente perceberá o conceito de que lhe estamos a falar se referirmos conceitos como a problemática da competência territorial da autoridade judiciária para conhecer de cada um dos cibercrimes pois, pese embora a localização da vítima seja conhecida, o local da prática dos factos não o é, podendo até ser num país distinto do da vítima o que, sem mais discussão, poderia inviabilizar a investigação no país da vítima. Ou, por exemplo, o facto de que todos os livros sobre informática e cibercrime partem do pressuposto de que o leitor seja conhecedor de que a mera utilização de cadeias de *proxies* associados a um nó de saída da rede *tor* inviabiliza na prática a detecção dos endereços de IP de origem dos pacotes de comunicações responsáveis pelo crime praticado através da internet.

Já perceberá agora onde queremos chegar, certo? Esses livros não são escritos para o normal e despreocupado utilizador da internet. Esses livros não são direcionados às vítimas do cibercrime.

Parece-nos também que os avisos genéricos tanto em voga nas campanhas de ciber-segurança emitidas um pouco por todo o universo online, de nada têm servido. Não adianta dizer a alguém que não deve clicar numa ligação que recebeu por email e que diz ser do banco, quando essa ligação aparece num email proveniente do banco (aparentemente) e o próprio *link* é www.omeubanco.com. Instintivamente aquela pessoa vai clicar naquela ligação, podendo ser direcionada para uma página clonada do banco. Sem perceber o que está a acontecer, vai introduzir ali as credenciais de acesso como sempre fez, dando assim aos criminosos o acesso às suas contas.

A nosso ver, a estratégia de prevenção que terá mais e melhores resultados, passará por explicar aos utilizadores que navegam despreocupadamente na internet (as potenciais vítimas) os vários modos de atuação dos criminosos. Explicar-lhes quais são e como funcionam os vários crimes que são usados pelos cibercriminosos. Se a vítima conhecer os vários esquemas usados pelos cibercriminosos, vai conseguir reconhecê-los caso tome contacto com um desses esquemas, podendo proteger-se e abandonar aquela conversa, negócio ou site. De entre todas as eventuais formas de prevenção, esta será a que trará melhores resultados.

Note que para cometer um crime, o cibercriminoso tem já o seu guião apurado por várias repetições já concretizadas com outras vítimas. Tem já programadas todas as respostas lógicas que deve dar às vítimas para concretizar os seus intentos. Quando no decorrer de um esquema cibercriminoso a vítima coloca uma dúvida ou levanta questões sobre a honestidade da conversa ou negócio, não é a primeira vez que o criminoso está a ouvir essa dúvida. O cibercriminoso já estudou essa dúvida e, por isso, vai facilmente justificá-la com uma resposta plausível. Os cibercriminosos conseguem assim dissipar qualquer dúvida que uma vítima possa levantar ou que possa ter sobre a honestidade da conversa ou negócio, mantendo a plausibilidade do que está a acontecer.

Do outro lado da comunicação está a vítima. É a primeira vez que a vítima está a ser confrontada com todos aqueles factos e por isso "*vai navegando à vista*" na conversa. Na maioria das vezes a vítima não consegue perceber o que lhe está a acontecer acabando por cair na *conversa* já apurada do cibercriminoso. Por muito atenta que esteja, a vítima vai acabar por cair, pois não conhece o engano e os factos são-lhe sempre apresentados como lógicos e muitas vezes até lucrativos para a própria vítima

É por isso que defendemos que a melhor maneira da vítima não ser enganada é não falar sequer com quem a engana. Para conseguir este propósito a vítima tem que conhecer os vários métodos utilizados pelos cibercriminosos, para os conseguir identificar e proteger-se deles, evitando-os.

Ninguém é mais inteligente que ninguém. O criminoso não é mais inteligente que a vítima. Quando o cibercriminoso chega à vítima, ele já estudou, reviu e preparou todo o esquema. Já a vítima é a primeira vez que está a ouvir falar no esquema que ele lhe está a propor. Quem acha que estará melhor preparado? O criminoso ou a vítima? Quem é que acha que tem mais probabilidades de levar o seu intento avante?

A estratégia preventiva que aqui propomos é a de dar a conhecer os esquemas criminosos. Essa estratégia poderia ser arriscada. Afinal vamos expor precisamente como é que os crimes são concretizados e esse conhecimento poderia ser usado para o cometimento desses mesmos crimes. Quanto a isso refira-se que a explicação de todos os esquemas que aqui vamos expor encontra-se livremente acessível em vários sites e fóruns na internet. Nos sites certos, encontram-se manuais escritos onde se ensinam a cometer todos estes crimes. Alguns desses manuais tratam-se de autênticos guiões sobre como cometer este ou aquele delito, chegando ao pormenor de terem diagramas de decisão sobre como reagir a cada uma das questões levantadas pelas vítimas. Alguns desses manuais são fornecidos gratuitamente, enquanto que outros podem ser adquiridos por um pequeno punhado de Dólares. Por isso facilmente se conclui que quem pretender cometer este tipo de crimes acaba por ter acesso a tutoriais pormenorizados sobre como os concretizar, ou seja, o facto de expor esse conhecimento neste livro de nada vai adiantar a quem pretenda cometer os crimes.

Os cibercriminosos partilham a informação. Ora, se nós, do lado do *bem*, não a partilharmos, estaremos sempre em desvantagem. É por isso que julgamos ser esta a melhor estratégia de prevenção. Se as vítimas perceberem que estão a entrar num engano vão conseguir proteger-se.

A proposta deste livro é, por isso, apresentar de uma forma descomprometida, informal e direta os cibercrimes mais comuns e a forma como são concretizados pelos criminosos. Apresentaremos um vasto leque de crimes. Alguns tecnicamente mais simples, outros bastante mais elaborados. Daremos a conhecer crimes que visam empresas, outros que visam pessoas particulares, apresentando sempre que possível uma explicação dos *bastidores do crime*. Sempre que possível mostraremos a face apresentada à vítima, explicando o que na realidade está a acontecer e quais as intenções do cibercriminoso por detrás de cada uma das suas ações.

Vamos centrar-nos apenas nos crimes em que os autores visam a apropriação de dinheiro das vítimas, por serem os mais comuns. Iremos também apresentar estratégias, a sua maioria muito simples, que qualquer pessoa pode usar para evitar tornar-se vítima de cada um destes cibercrimes.

Numa primeira fase vamos abordar crimes que visam pessoas

particulares e mais à frente, iremos depois analisar esquemas em que os cibercriminosos visam apropriar-se do dinheiro de empresas.

VÍTIMAS: CIDADÃOS PARTICULARES

De entre dezenas de esquemas que os cibercriminosos utilizam visando vítimas particulares e o seu dinheiro, escolhemos aqui os mais comuns por existirem maiores probabilidades de se deparar com algum deles.

Vamos abordar esquemas criminosos que tiram partido das vulnerabilidades dos cartões bancários; esquemas de phishing, explicando como funcionam e como se pode proteger; *credential stuffing* - o que é, quais os perigos que corre e como se pode proteger; alguns esquemas criminosos menos técnicos mas também muito comuns; *romance scam* também muito em voga; e esquemas de angariação de *money mules* - o que são, como funcionam e como se proteger.

Alguns destes termos poderão não lhe dizer muito nesta fase. Esperamos contudo que isso tenha mudado quando chegar ao fim deste livro. É esse o propósito.

Vamos então aos esquemas cibercriminosos que visam o dinheiro das pessoas particulares.

1. CARTÕES BANCÁRIOS

Os cartões bancários assumem geralmente apenas duas formas possíveis: Cartões de Crédito ou Cartões de Débito.

Para o que aqui nos interessa, importa olhar para os cartões bancários como meros instrumentos de acesso ao dinheiro que temos numa conta bancária ou numa linha de crédito que o banco nos confia e que teremos que regularizar, tipicamente uma vez por mês.

Uma vez que permitem aceder ao nosso dinheiro, esses instrumentos têm logicamente de ter seguranças. Caso contrário, qualquer pessoa com acesso ao nosso cartão bancário conseguiria também aceder ao nosso dinheiro através de levantamentos numa caixa multibanco (conhecida no Brasil por caixa eletrônico, em Angola por multicaixa e na língua inglesa por *ATM - Automatic Teller Machine* ou *cash dispenser*) e poderia fazer compras ou outros movimentos que se iriam refletir na diminuição do nosso saldo bancário. É essa a razão de os cartões de débito e os de crédito terem todos um código *pin* só conhecido, supostamente, pelo seu titular e sem o qual supostamente não seria possível fazer qualquer movimento de débito.

Os cartões bancários são vendidos pela indústria bancária como perfeitamente seguros e invioláveis. Segundo a indústria bancária quer fazer crer aos seus clientes, sem o código *pin* é impossível usar qualquer cartão bancário. Tal argumento é só parte da verdade. Com essa parte da verdade, a indústria financeira consegue vender milhões de cartões de débito e de crédito, lucrando em cada uma das suas utilizações. A nosso ver seria tudo mais correto se os utilizadores desses cartões tivessem a noção do risco que envolve ter um instrumento de acesso ao seu dinheiro como estes.

Tecnicamente as seguranças da esmagadora maioria dos cartões bancários, não serão afinal assim tão seguras. Tudo na informática tem vulnerabilidades e os cartões bancários não são exceção, dado que são apenas instrumentos de validação e autenticação perante um sistema de pagamentos ou levantamentos assente em sistemas informáticos.

Iremos de seguida falar nos esquemas mais comuns que os cibercriminosos usam para tirar partido dessas vulnerabilidades e que podem transformar cada um de nós em vítima.

Aquilo que vamos aqui expor não vos é dito em nenhum banco. Por questões comerciais não o podem fazer. Assim fosse iriam lançar um sentimento de desconfiança e de insegurança num instrumento que afinal lhes traz tanto lucro em comissões e que lhes facilita tanto a vida comercial nos dias de hoje.

Importa desde já ter a noção que toda a temática da segurança no ciberespaço e nos pagamentos online resulta sempre do equilíbrio entre a segurança dos sistemas e o lucro comercial da indústria financeira. O objetivo das empresas é que as compras sejam feitas com o menos cliques possível para que o cliente não pense na compra que está a fazer. Ora, se para pagar uma compra online com cartão de crédito, um cliente tiver que introduzir três códigos, mais duas coordenadas de um cartão matriz que lhe foi entregue pelo seu banco, mais um código que recebe por mensagem escrita no seu telemóvel e ainda outro método de segurança qualquer, é muito provável que acabe por não fazer a compra e não gerar as comissões daquela utilização do cartão. Isso equivale a menos lucro para a indústria financeira.

A indústria financeira procura por isso sempre o equilíbrio entre ter o menos validações possíveis de forma a que o cliente não *"abandone a compra"* e garantir ao cliente uma compra que seja segura - entenda-se, que não seja feita fraudulentamente por um cibercriminoso com o seu dinheiro. Muitas vezes, em termos estatísticos, compensa mais à indústria optar por seguros do que por novos meios de autenticação que evitem a fraude. Estatisticamente é-lhes mais lucrativo indemnizar as vítimas do que evitar a ocorrência dos crimes em primeira instância.

A fraude com cartões bancários será atualmente um dos maiores e mais rentáveis (na ótica do cibercriminoso) esquemas criminosos a nível mundial.

Existem várias formas que os cibercriminosos utilizam para explorar as vulnerabilidades dos cartões bancários. Vamos agrupá-la em dois grandes grupos:

1.1 - Clonagem de cartões;
1.2 - Utilização de dados de cartão em pagamentos online.

1.1. CLONAGEM DE CARTÕES

Os cartões bancários têm, pelo menos, uma banda magnética e um chip. A banda magnética é aquela faixa geralmente preta que se vê na parte de trás do cartão e o *chip* é um *circuito integrado* geralmente dourado ou prateado, visível na parte da frente do cartão. É nesses dois elementos que se encontra a informação do próprio cartão (número, validade, marca, banco, etc) e é nesses dois elementos que são implementadas as seguranças do cartão.

O que importa saber para o propósito deste livro é que a informação constante no *chip* é a mesma que consta na banda magnética. Importa-nos também perceber que o *chip* é codificado e por isso, para já, não copiável, mas a banda magnética é completamente desencriptada e por isso duplicável.

De uma forma muito simplista, podemos dizer que a banda magnética é equivalente às fitas das antigas cassetes de áudio ou de vídeo *VHS*. Facilmente se lêem com um aparelho próprio e com a mesma facilidade é possível gravar novos dados nessas bandas magnéticas. Para quem se lembra dos gravadores de cassetes sabe que é muito fácil, com o aparelho certo, gravar uma banda magnética. No caso dos cartões, existem dispositivos leitores e gravadores à venda na internet por pouco mais de cinquenta dólares que permitem ler e regravar as bandas magnéticas dos cartões. Esses dispositivos são vendidos legitimamente para, por exemplo, criar cartões pessoais de funcionários em empresas que permitem abrir portas e controlar horários.

Nesta altura deve estar a questionar-se: se a banda magnética é assim tão insegura porque é que ainda continua a existir nos cartões, já que o chip não é clonável e tem a mesma informação? A razão é porque ainda há países cuja indústria financeira não adotou a tecnologia do *chip,* o que faz com que um cartão sem banda magnética não funcione nos terminais de pagamento ou caixas multibanco nesses países. E será só essa a razão, uma razão puramente comercial.

Os cibercriminosos têm vindo a tirar partido desta vulnerabilidade clonando os cartões das vítimas desde há vários anos a esta parte. Conseguem tais clonagens através da duplicação das bandas magnéticas dos cartões, o que tecnicamente, é a mesma coisa.

Para utilizar um cartão e aceder ao dinheiro das vítimas, os cibercriminosos têm que ter, portanto, os dados da banda magnética do cartão para a duplicar e o código *pin* do cartão. O código *pin* não está escrito em lado nenhum, é apenas o utilizador do cartão que o sabe e que o tem memorizado.

Os cibercriminosos tiveram então que colocar a seguinte questão: onde é que o par banda magnética e *pin* são utilizados ao mesmo tempo? E a resposta foi óbvia: nas caixas multibanco.

Assim, para aceder a esses elementos, os cibercriminosos começaram a fabricar dispositivos para inserir nas ranhuras das caixas multibanco onde os utilizadores inserem os cartões. Esses dispositivos são fabricados e ali introduzidos de forma a que, quando o cartão entra na máquina passa numa cabeça de leitura da banda magnética que lê os dados para um cartão de memória idêntico a um cartão de memória de um smartphone ou de uma máquina fotográfica. A informação gravada nas bandas magnéticas são apenas três linhas de texto, pelo que, em termos informáticos, ocupa muito pouca memória no cartão. Um simples cartão de 32Gb pode armazenar informação de centenas ou até milhares de bandas magnéticas.

A par com esse dispositivo de leitura, os cibercriminosos

fabricam também outros, tipicamente calhas como um pequeno orifício que colam por cima do teclado das caixas multibanco. Essas calhas têm no seu interior uma microcâmera que através do orifício filma o teclado gravando essas imagens noutro cartão de memória.

Depois de instalados, os dispositivos ficam indetectáveis a quem desconhece este esquema criminoso, ou seja, praticamente todos os utilizadores que irão utilizar aquela caixa multibanco. Os cibercriminosos fabricam um dispositivo para cada modelo específico de multibanco, fazendo-o de forma a que fiquem praticamente imperceptíveis quando instalados nas máquinas.

Os cibercriminosos instalam então estes dispositivos numa caixa multibanco e quando uma vítima insere ali o seu cartão, o dispositivo de leitura da banda magnética lê e guarda os dados da sua banda magnética. Por seu turno, a calha de filmagem filma a vítima a inserir o *pin* no teclado, guardando também essas imagens.

Se tudo estiver bem montado, a vítima usa a caixa multibanco normalmente, fazendo o que pretende (levantar dinheiro, consultar saldos, etc.) e abandona o local levando consigo o cartão, o talão e o dinheiro que levantou. Se tudo funcionou bem (na ótica do cibercriminoso) a vítima utilizou o multibanco sem perceber que a banda magnética do seu cartão foi copiada e que o seu *pin* filmado.

Depois desta vítima, vem outra vítima, que utiliza o mesmo multibanco a quem sucede o mesmo. E após essa vítima vem outra, e depois outra e outra…

Geralmente, os cibercriminosos deste tipo de esquemas colocam os dispositivos num multibanco movimentado na madrugada de um dia e vão retirá-los na madrugada do dia seguinte. Conseguem assim recolher as bandas magnéticas e imagens dos respectivos códigos *pin* dos cartões das centenas de utilizadores que utilizaram

25

aquela caixa multibanco durante o dia.

Esses cibercriminosos vendem depois essa informação a alguém que vai fazer a parte mais arriscada de todo este esquema criminoso - fabricar cartões clonados (com as bandas magnéticas duplicadas dos cartões das vítimas) e fazer compras em lojas físicas ou levantar dinheiro numa qualquer caixa multibanco.

Com o recurso a um mero computador e a um gravador de bandas magnéticas, esse segundo grupo de criminosos grava aqueles dados na banda magnética de um cartão bancário qualquer, dirigem-se a uma loja e utilizam-nos para fazer compras. Normalmente compram artigos eletrónicos de alta gama (computadores, smartphones, televisões, *tablets*, etc) que depois conseguem revender a metade do real custo, obtendo lucro de praticamente 100% pois pagaram os artigos com os cartões clonados. Para isto têm que arranjar cartões de crédito ou débito reais (ou imprimir cartões de forma a que pareçam reais) para os poder apresentar nas lojas sem levantar suspeitas. Logicamente, na loja ninguém verifica se a informação constante da banda magnética condiz com a que consta impressa no cartão. Para o funcionário da loja é irrelevante. A compra e o *pin* são aceites pelo terminal de pagamento e é essa a única validação que o funcionário e a loja necessitam.

Caso não queiram fazer compras, os cibercriminosos podem limitar-se a adquirir cartões brancos com banda magnética e a gravar-lhes os dados das bandas magnéticas copiadas dos cartões das vítimas. Dessa forma conseguem clonar os cartões das vítimas. Com esses cartões clonados e os respectivos *pin* podem fazer levantamentos em caixas multibanco, levantamentos esses que se vão refletir na conta das vítimas. Se se tratarem de cartões de crédito, as vítimas só se vão aperceber desses movimentos

26

fraudulentos na data em que forem saldar a conta crédito.

Se pensar bem, percebe que todo este processo teria sido evitado com uma única ação da vítima no multibanco inicial. Quando inseriu o código *pin* na caixa multibanco adulterada pelos cibercriminosos, a vítima deveria ter tapado tal ação com a outra mão, Nesse caso, a calha de filmagem não teria conseguido filmar a inserção do código *pin* e os cibercriminosos ficariam apenas com a cópia da banda magnética. Sem o *pin,* os cibercriminosos não conseguiriam fazer nenhum movimento com aquela cópia de banda magnética. É por esta razão que um dos conselhos práticos para prevenir este tipo de situações é: mesmo que estejamos sozinhos, devemos sempre tapar a mão quando inserimos o código *pin* do nosso cartão bancário. Essa pequena precaução pode evitar que os cibercriminosos acedam ao dinheiro da sua conta bancária.

Ainda assim, o facto de tapar o teclado quando coloca o *pin* pode não ser suficiente. Foram já detectados dispositivos de clonagem de cartão em que os cibercriminosos colaram cópias dos teclados das caixas multibanco por cima dos teclados originais, para memorizar as teclas premidas, evitando assim a utilização de calhas de filmagem. Nesses casos não existe uma técnica expedita para evitar tornar-se uma vítima deste tipo de crimes.

Por isso, por questões de segurança deve sempre optar por utilizar caixas multibanco que estejam dentro dos bancos ou de outros estabelecimentos, por exemplo, supermercados ou centros comerciais. Esses terminais são mais vigiados e têm mais câmaras de vídeo vigilância sendo por isso menos escolhidos pelos cibercriminosos para a instalação destes dispositivos.

Também deve sempre controlar os saldos das suas contas bancárias. Assim, se este azar lhe bater à porta, apercebe-se mais cedo, cancelando o cartão junto do seu banco, limitando assim eventuais prejuízos.

Como prevenção, não deve utilizar nenhuma caixa multibanco que não lhe pareça segura. Se notar alguma peça colada ou que pareça estar a descolar-se na caixa multibanco, não a utilize e avise imediatamente o responsável pelo local onde estiver instalada.

Assim, evita que todos os utilizadores dessa caixa multibanco corram o risco de se tornarem vítimas deste tipo de esquema criminoso.

1.2. DADOS DE CARTÃO ONLINE

A clonagem de cartões é um método muito utilizado pelos cibercriminosos. No entanto, esse método implica o fabrico de dispositivos eletrónicos e o cibercriminoso típico dos dias de hoje é um *informático*, não é um técnico de eletrónica.

Além disso, nesse método os cibercriminosos têm que montar e desmontar os dispositivos nas caixas multibanco e têm de utilizar os cartões clonados presencialmente para levantar dinheiro ou fazer compras. Essas presenças físicas nos locais, logicamente, aumentam as probabilidades de serem apanhados.

Por isso, os cibercriminosos atuais detectaram outras vulnerabilidades de todo o sistema de pagamentos com cartões bancários e exploraram-nas, usando assim outros métodos para se apropriarem do dinheiro das vítimas através dos seus cartões bancários.

Como saberá, para fazer uma compra ou pagamento online, apenas tem que aceder ao site, escolher o produto, adicioná-lo ao carrinho de compras e fazer o pagamento. Para fazer esse pagamento basta escrever na página de pagamento o número do seu cartão (escrito na parte da frente do cartão) e o código de segurança CVV (três algarismos gravados na parte de trás do cartão). O dinheiro é então retirado da sua conta, é passado para a conta do site e já está, o produto que comprou está a caminho de sua casa.

Simples não é? Mas já alguma vez se perguntou quais as seguranças que o sistema utilizou para processar esse pagamento? Já se perguntou quem teve acesso aos dados do seu cartão para que o pagamento fosse concretizado? Já se questionou sobre a segurança efetiva dessa compra? Já se perguntou sobre de que forma é que foi processada a informação dos dados do seu cartão

29

bancário que inseriu no site? Pois é. São muitas perguntas que podemos fazer mas que cujas respostas nos podem assustar, afinal os cartões bancários são portas abertas para o dinheiro e linhas de crédito que temos no nosso banco.

A grande vulnerabilidade deste meio de pagamento é que para fazer pagamentos online basta termos os dados do cartão da vítima. Não é necessário nenhum código ou *pin* secreto. E é isso, os cibercriminosos limitam-se a utilizar os dados do cartão bancário da vítima para fazer compras. Acedem a um qualquer website online, adicionam os produtos ao carrinho de compras, inserem os dados do cartão da vítima para o pagamento e... *voilá*, o produto já está a caminho... mas da casa deles. Pode até assustar, mas é mesmo assim tão simples.

Os mais céticos e atentos poderão pensar que não deve ser assim tão fácil. Aparentemente, quando a vítima se queixa, a polícia vai à morada para onde o produto foi enviado e sabe logo quem foi o autor da compra fraudulenta.

Em teoria seria assim simples. Na prática não é. Para garantir o anonimato, este tipo de cibercriminosos usam várias técnicas. Podem, por exemplo, colocar moradas incompletas no site, levando a que o estafeta tenha que lhes telefonar para o telemóvel (descartável) que indicaram na compra, acabando por combinar a entrega na rua, noutra zona qualquer da mesma cidade; ou podem fazer uma venda, envolvendo um terceiro inocente, ou seja, colocam um produto à venda online a preços mais baixos do que o preço de venda em loja, o terceiro inocente compra-lhe esse produto sem ter noção da sua origem e o cibercriminoso limita-se a comprar o produto numa loja online, pagá-lo com os dados do cartão da vítima, e indicar a morada desse terceiro inocente para a entrega. Embora o cibercriminoso pague mais do que recebeu, continua a ter lucro, pois afinal essa compra vai ser debitada à vítima, o dono do cartão usado. Além destes dois métodos existem uma infinidade de outros, onde se incluem, por exemplo, a compra de produtos digitais que não envolvem entrega física de nenhum produto, ou o carregamento de contas online que depois podem ser transformadas em dinheiro, cartões de desconto, a imaginação é o limite. O cibercriminoso consegue facilmente realizar dinheiro a partir dos dados do cartão bancário da vítima sem ser diretamente identificado.

Mas, para percebermos as fragilidades do sistema que os cibercriminosos exploram, passemos à explicação de como se processa normalmente um pagamento online.

Tudo começa com o cliente a inserir os dados do seu cartão no site onde quer fazer o pagamento. De seguida esse site pede a cobrança daquele montante e cartão à entidade gestora da rede do cartão (Visa, Mastercard American Express, o que for). Essa entidade verifica se os dados do cartão estão todos corretos e se o cartão está ativo. Depois pergunta ao banco emissor do cartão (o banco que imprimiu o cartão e que o entregou ao titular) se aquele cartão tem crédito para processar o pagamento. Se a resposta for afirmativa, a entidade gestora da rede do cartão processa o pagamento e o dinheiro sai da conta do titular do cartão e é creditado na conta do site. Se a resposta do banco emissor for negativa, a cobrança pelo site não é autorizada e o movimento não é concretizado. Todos estes passos são feitos de forma automática informaticamente e todas as entidades intermediárias recebem comissões pelos seus serviços.

Logicamente, esta é uma forma muito simplificada de explicar uma transacção. Nos dias de hoje, o processamento de um pagamento online envolverá mais de quinze entidades. Algumas pagam para participar nas transações e recolher informação para efeitos de marketing. Outras processam os pedidos e confirmações de dados a pedido da rede gestora de cartões e dos bancos (serviços terceirizados), outras fornecem serviços de validação e segurança à transação... Enfim... O que importa aqui perceber é que existem muitas empresas que por participar na intermediação dos pagamentos, acabam por ter acesso a dados referentes a cada uma dessas transações. Obviamente, por questões comerciais muitas dessas entidades acabam por guardar os dados dos milhares de processamentos de pagamentos em que participam. Os cibercriminosos atacam informaticamente todas essas entidades tentando (e muitas vezes conseguindo) aceder às suas bases de dados e à informação que ali guardam sobre as transacções em que participaram.

Mas, diga-se em abono da verdade que todos os intervenientes no processamento de pagamentos online são empresas normalmente com grandes preocupações em relação à segurança informática, até porque algumas delas estão precisamente nesse negócio. Por isso, mesmo que não seja impossível (não há impossíveis na informática) é muito difícil aos cibercriminosos acederem às bases de dados dos vários intermediários das transações.

Já o negócio das lojas online não é a segurança informática. Essas lojas online apenas pretendem vender os seus produtos. Muitas dessas lojas são implementadas por curiosos da informática que se limitam a utilizar modelos de lojas pré-feitas, alguns partilhados online de forma gratuita e com níveis de segurança muito fracos. Tipicamente, são esses os alvos dos cibercriminosos. Acedendo às bases de dados desses sites, os cibercriminosos podem conseguir extrair centenas, milhares ou até milhões em alguns casos de dados de cartões bancários.

Geralmente, o *hacker* que *pirateia* os sites e que recolhe milhares de dados de cartões não é o mesmo que depois usa esses cartões para fazer compras. Tipicamente, o *hacker* que consegue aceder aos sites vende os dados dos cartões a outros cibercriminosos em lotes muito grandes, por exemplo de mil cartões em cada lote. Esses segundos cibercriminosos compram-lhes esses lotes de mil cartões e revendem-nos em lotes muito mais pequenos, de dez cartões por lote. Todo este *esquema comercial* ocorre *online* em sites da especialidade acessíveis a qualquer internauta. A troca dos produtos é feita por email ou através de repositórios online (tratam-se afinal de simples ficheiros de texto) e os pagamentos de tais trocas comerciais são feitos em *criptomoedas*. Dessa forma fica garantido o perfeito anonimato de todos os envolvidos no negócio.

O último comprador é quem vai utilizar os dados dos cartões para fazer compras online. Quando usa os dados de um desses cartões, vai originar um débito na conta bancária da vítima - o real titular do cartão. Essa vítima vai aperceber-se daquele débito no extrato bancário e vai reclamá-lo no seu banco, pois aquele movimento não foi feito por si. O banco, por sua vez, reclama o movimento à entidade gestora da rede de cartões (Visa, Mastercard, American Express, etc.) porque, afinal, não foi feito pelo seu cliente. O gestor da rede pede ao site a devolução do dinheiro. Os sites como têm que manter boas relações com quem lhes processa os pagamentos, pois caso contrário não conseguem receber dinheiro, limitam-se a devolver o dinheiro ao gestor da rede. O gestor da rede, por sua vez, devolve o dinheiro ao banco que, finalmente, o credita na conta bancária da vítima. O site vai ficar sem o produto porque já o enviou ao cibercriminoso e sem o dinheiro da venda porque teve que o devolver. Ainda que seja a única entidade que faz tudo como lhe é exigido pela indústria, o site é geralmente a única parte que fica a perder neste tipo de cibercrime.

É certo que atualmente, num pagamento online podem haver outras validações como sejam o agora em voga 3D Secure. Nesse tipo de validações o banco envia um código para o telemóvel do titular do cartão para validar a compra. O cliente tem que inserir esse código no site, sendo essa a confirmação de que é o autor daquela compra.

Contudo, para que esta segurança funcione, o site da loja online tem que ser compatível. Isso implica custos da parte do site e a diminuição das suas vendas. A introdução deste código de validação representa mais um momento em que o cliente pode equacionar se precisa daquele produto e se está disposto a gastar aquele dinheiro, levando a que muitos desistam da compra. O velho equilíbrio entre a segurança e o lucro. Por isso, há muitas lojas online que optam por assumir o risco e não implementar essas seguranças adicionais. Basta ao cibercriminoso descobrir esses sites e fazer aí as suas compras.

Bem, mas os cibercriminosos usam outros métodos para aceder aos dados do cartão das vítimas. Em vez de aceder às bases de dados dos sites para recolher os dados dos cartões, os cibercriminosos podem recorrer por exemplo à extrapolação de números de cartões a partir de um número de cartão conhecido, ou podem pura e simplesmente criar números de cartão de crédito.

Os números dos cartões bancários obedecem a regras de criação definidas pelo algoritmo de Luhn. Esse algoritmo é de conhecimento público. Há sites que se limitam a criar números de cartões bancários que verificam esse algoritmo, ou seja, números de cartões bancários válidos. Cada um desses cartões pode ou não ter já sido emitido e pode ou não estar válido nesse momento. Basta aos cibercriminosos testarem cada um desses números.

É lógico que estes últimos métodos apenas dão ao cibercriminoso o número do cartão e não o código de segurança CVV. Teoricamente, sem o código CVV não seria possível fazer pagamentos com o cartão. Isso é verdade em muitos sites mas não em todos. Existem muitos sites que processam os pagamentos sem necessidade da introdução do código de segurança CVV. Basta o cibercriminoso encontrar esses sites e encontrar cartões válidos de entre os números de cartões que criou. É um jogo de paciência.

Ainda assim, diga-se em abono da verdade que o método mais utilizado pelos cibercriminosos é sem dúvida o primeiro que descrevemos. É nas bases de dados dos sites das lojas online que os cibercriminosos recolhem os dados dos cartões de crédito que os clientes ali inseriram. É precisamente neste ponto em que as vítimas podem fazer a diferença.

Quando fizer uma compra num site, por mais seguro que lhe pareça, deve usar sempre um cartão virtual e nunca deve usar os dados do seu cartão diretamente no site. Para fazer a compra, deve criar um cartão virtual para uma utilização única e usar esse cartão para o pagamento. Dessa forma, quando o cibercriminoso aceder às bases de dados do site e recolher os dados daquela compra vai obter dados de um cartão de utilização única. Essa utilização já foi feita por si aquando da compra, ou seja, esses dados de cartão já não estão válidos quando o cibercriminoso lhes aceder. Desta forma simples, consegue evitar que o site e o cibercriminoso tenham acesso aos reais dados do seu cartão bancário. É por isso que a regra de ouro deve ser nunca inserir os dados do seu cartão bancário na internet.

Resta-nos ainda falar acerca da forma mais fácil (mas menos *ciber*) que os criminosos podem usar para aceder aos dados dos cartões bancários das vítimas. Esta forma não é tão usada. Enquanto quem acede a uma base de dados de um site consegue milhares de cartões de uma só vez, neste método que vamos apresentar de seguida o cibercriminoso conseguirá apenas um cartão de cada vez.

Vamos lá então explicar este último método.

Já reparou que o funcionário da caixa de um pronto-a-vestir, de um supermercado, de uma farmácia ou de qualquer outra loja física, pode anotar, decorar ou até fotografar os dados do seu cartão? Já reparou que, em bom rigor, qualquer pessoa que tenha acesso físico ao seu cartão pode copiar os seus dados e fazer compras online com eles? Seja no balneário da piscina ou do ginásio, no balneário do seu trabalho, no seu carro quando ali deixa a carteira, ou em qualquer outro local em que se afaste do seu cartão?

É por essa razão que a indústria dos cartões aconselha a não entregar fisicamente o cartão a ninguém, nem para fazer pagamentos em lojas físicas. Já reparou que agora os funcionários das caixas em muitas lojas não mexem no seu cartão? Limitam-se a manusear o terminal de pagamentos e é o cliente quem introduz e retira o cartão.

Portanto, a regra aqui é não passar o cartão para a mão de ninguém, pois um simples telemóvel a filmar debaixo do balcão filma o seu cartão frente e verso num segundo. Outra das técnicas que pode usar para se proteger é apagar o CVV do verso do cartão e anotá-lo noutro local para quando precisar. Esse código de três números no verso do cartão apenas serve para compras não presenciais e se o anotar em qualquer lado, quando precisar dele sabe onde está. Se apagar esse número do cartão, mesmo que alguém aceda fisicamente ao seu cartão não tem acesso à totalidade dos dados, sendo mais difícil conseguir efetuar pagamentos com os dados do seu cartão.

2. PHISHING

Este ataque tem este nome por analogia ao termo em inglês *fishing* - pescar. Originalmente e na maioria dos casos ainda hoje, este tipo de ataque não é direcionado exatamente a uma vítima. O cibercriminoso envia várias mensagens a vários receptores na esperança que alguns lhe respondam, cliquem nos links maliciosos ou realizem a ação pretendida pelo cibercriminoso. É assim uma analogia ao pescador que põe o anzol com isco dentro de água e fica à espera que um peixe qualquer vá morder o isco.

Para que a vítima veja o email de *phishing*, lhe reconheça credibilidade e morda o isco, o cibercriminoso tem que se fazer passar por uma entidade fidedigna ou conhecida da vítima. Pode-se fazer passar por um banco, uma transportadora, um fornecedor de serviços (água, gás, eletricidade, etc.), por algum serviço público, como sendo a autoridade tributária, autoridade do trabalho ou agências policiais, ou por qualquer outra entidade. Pode-se ainda fazer passar por prestadores de serviços de email, ou por qualquer outra empresa que se enquadre no contexto da mentira que o cibercriminoso esteja a criar. O limite é a imaginação do cibercriminoso. Todos os dias surgem novos esquemas que utilizam esta técnica de *phishing*, fazendo-se passar por diversas entidades. Ainda assim, embora apareçam esquemas novos todos os dias, a sua base é sempre a mesma.

Para percebermos como os cibercriminosos conseguem concretizar um esquema de *phishing*, importa apresentar o conceito de *domínio de internet*. De forma simples para o que aqui estamos a abordar, um domínio de internet é o caminho único de cada página na internet. Por exemplo, www.google.com é um domínio de internet, www.uol.com.br é outro domínio, www.portugal.gov.pt é outro domínio... Já percebeu a ideia, certo? Cada página tem o seu domínio e não podem existir dois domínios iguais em toda a internet. O domínio (ou endereço *url*) de um site funciona como se fosse a morada da página na internet. Se quiser ver por exemplo a página da Google, tem que digitar a sua morada www.google.com.

Além deste conceito, importa perceber que quem tem o controle do domínio pode criar sub-domínios. De forma simples, podemos dizer que um sub-domínio funciona como um domínio dentro de outro domínio, quase como uma diretório dentro de outro diretório. Por exemplo, na data em que estas linhas são escritas, o domínio www.uol.com.br tem o sub-domínio economia.uol.com.br. O endereço economia.uol.com.br trata-se de uma sub-secção do site com o domínio www.uol.com.br. A criação de sub-domínios é uma técnica muito utilizada na criação e gestão de websites, sejam eles fidedignos ou não.

Muito importante para o conceito de *phishing* que aqui vamos abordar é perceber que qualquer pessoa pode registar domínios de internet. Basta aceder a um site que preste serviços de registo de domínios e facilmente regista o domínio que pretender desde que único na internet. Paga-se a anuidade - que pode custar menos de cinco euros por ano, e pronto, temos um domínio de internet que podemos associar a um site, a um serviço de email, ou a qualquer outro serviço online que seja configurado para ser acedido através desse domínio.

Todo o processo do registo do domínio é feito online, portanto sem qualquer verificação física da pessoa que o fez. Por isso, embora tenha que se indicar o nome de uma pessoa, uma morada e um email de contacto no registo do domínio, como não há verificação nenhuma desses dados, na prática o registo de domínios acaba por ser anónimo. Há inclusivamente empresas que registam domínios a pedido dos seus clientes, adicionando assim mais um nível de anonimato. Quando os registos são feitos através dessas empresas, os domínios ficam registados em nome dessas mesmas empresas que tipicamente estão sediadas em países ou zonas *offshore* com as dificuldades de identificação que isso acrescenta.

Mas voltando ao phishing.

Um dos ataques de phishing mais típicos é o *phishing bancário*. Com esse ataque os cibercriminosos pretendem que as vítimas lhes forneçam as suas credenciais de acesso ao *homebanking*. Tipicamente todo o processo começa com o registo de um domínio que possa ser confundido com o domínio do banco.

Vamos supor que o banco visado no ataque tem o domínio https://www.omeubanco.com. O cibercriminoso pode registar o domínio https://www.seguranca.com. Dentro desse domínio cria o sub-domínio https://omeubanco.seguranca.com. Com este endereço, o cibercriminoso vai-se fazer passar pelo departamento de segurança do banco "OMeuBanco". Cria uma caixa de email com o endereço fraude@omeubanco.seguranca.com e envia centenas de milhares de mensagens de email com o grafismo e imagens do logotipo do banco que copiou do site legítimo do banco usando esse endereço de email.

Nesses emails que dirige a *"Caro Cliente"*, o cibercriminoso vai dizer que numa auditoria de segurança interna d' OMeuBanco, foi detectado que as credenciais de acesso ao *homebanking* do cliente poderão ter sido comprometidas. O cliente terá por isso que validar as credenciais num prazo de 24 horas para evitar o cancelamento do seu acesso ao site do banco e a emissão de um novo acesso com a cobrança das despesas respetivas. No próprio email o cibercriminoso envia um *link* onde o cliente deverá clicar para validar então as suas credenciais.

Esse link que pode ter qualquer texto (em bom rigor pode até ter o texto https://www.omeubanco.com), está programado para encaminhar a ligação para o site com o domínio https://omeubanco.seguranca.com.

Revendo aqui os conceitos de domínio e sub-domínio acima apresentados, facilmente se percebe que o endereço https://omeubanco.seguranca.com diz respeito a uma subsecção do site https://www.seguranca.com e não ao site do banco. É, portanto, um site do cibercriminoso. Uma cópia exata do site do banco, que ele criou para enganar as vítimas e fazer-lhes crer que estão no site do banco.

Nesse site clonado do site do banco, sem desconfiar de nada, a vítima insere o número de utilizador e a palavra passe de acesso nos respectivos campos, como sempre fez quando acede ao site do banco. Nesse momento, a vítima deu o seu código de utilizador e a sua palavra-passe ao cibercriminoso, pois está no site dele e não no site do banco. No momento seguinte a vítima é encaminhada para outra janela onde lhe é solicitado que insira as posições do cartão matriz, com a justificação de que têm que validar tal cartão. Pensando estar no site do banco, pois afinal foi supostamente uma mensagem do próprio banco que a levou ali e o site parece-lhe sem dúvidas o site do banco, a vítima insere também os códigos do cartão matriz para evitar que seja cancelado e que tenha que pagar por um cartão matriz novo.

Após a inserção de todos os códigos, o site dos cibercriminosos encaminha a ligação da vítima para a página oficial do banco - https://www.omeubanco.com onde a vítima volta a aceder com as suas credenciais, verificando que afinal tudo voltou ao normal, que o seu cartão matriz continua ativo e que ninguém lhe tirou dinheiro das contas. Fica com a ideia de que foram efetivamente os sistemas de segurança do banco que deram aquele alerta por email, ficando contente pois afinal as seguranças do banco funcionaram como seria suposto, avisando-a de uma possível fraude muito a tempo de evitar males maiores.

Na realidade o que aconteceu foi que os cibercriminosos recolheram as credenciais de acesso ao *homebanking* da vítima e estão agora em condições de lhe retirarem todo o dinheiro das contas. Claro que o vão fazer dentro em breve, fazendo transferências imediatas, carregamentos de contas de jogos online, carregamento de cartões bancários pré-pagos, comprando criptomoeda, ou de qualquer outra forma que lhes permita aceder ao dinheiro anonimamente.

Deve ter reparado que os cibercriminosos começaram com um domínio e uma lista de centenas de milhares de endereços de email. Os logotipos dos bancos para os emails e toda a informação que lhes permitiu construir uma clonagem do site do banco é informação pública que recolheram da internet. Limitaram-se a comprar a lista de endereços de emails a outros cibercriminosos que criam essas listas para vender, configuraram um servidor de email com o sub-domínio que criaram para se fazer passar pelo banco e enviaram uma cópia do email de *phishing* para cada um dos endereços da lista de emails. Depois limitaram-se a recolher as credenciais que foram sendo inseridas pelas vítimas no site clonado do banco.

É certo que a maioria das potenciais vítimas não vai responder ao email. Muitos até nem são clientes daquele banco. Contudo, note que não é difícil encontrar à venda online listagens com cem mil endereços de email por cerca de cinquenta Dólares Americanos. Ora, se 10% desses cem mil forem clientes do banco em questão, isso representa dez mil potenciais vítimas. Se apenas 10% dessas potenciais vítimas clicarem no link do email de *phishing* são mil

41

pessoas a clicar. Se 10% dessas mil pessoas não perceberem que estão a ser enganadas, quer dizer que cem pessoas levam o processo até ao fim e fornecem as suas credenciais bancárias aos cibercriminosos. Vamos ser aqui muito conservadores e apontar para que o saldo de cada uma dessas cem pessoas, entre contas à ordem e poupanças, seja de quinhentos Euros. Com estas contas, percebemos que com um investimento de algumas dezenas de Euros e o *know-how* necessário, os cibercriminosos têm acesso a cinquenta mil Euros das vítimas de forma completamente online e anónima e isto só com um banco. É por isto que o cibercrime e este tipo de esquemas criminais continua a ter cada vez mais adeptos.

Com o passar dos anos os bancos foram-se apercebendo destes esquemas e foram aumentando as seguranças nos acessos aos seus serviços. Logicamente os cibercriminosos também foram afinando os seus processos de forma a contornar essas seguranças.

Sim, quase todos os bancos hoje em dia enviam um código por mensagem escrita para o telemóvel do cliente para validação de cada uma das operações que implique a diminuição do seu património. Mas muitas vezes essa camada de segurança pode ser desativada através do acesso ao *homebanking*, desde que se saibam as credenciais de acesso. É certo também que hoje em dia muitos dos acessos ao banco são feitos através da aplicação para telemóvel do banco e não na página de internet do banco. Quem consegue clonar o site do banco, com a mesma facilidade constrói uma aplicação para telemóvel que faz crer à vítima estar na aplicação do banco.

A nosso ver, a única forma de prevenir este tipo de ataques passa por não ler mensagens de bancos que não lhe sejam dirigidas a si, em seu nome. O banco sabe o seu nome. Por que razão lhe enviaria um email dirigido a "*Caro Cliente*"?

Da mesma forma, nunca deve aceder ao site do banco através de links que lhe sejam enviados, ligações que tenha guardadas nos favoritos, ou através de uma pesquisa num motor de busca. Para aceder ao site do seu banco deve escrever na barra de endereços do *browser* o domínio do seu banco. No nosso exemplo, para confirmar se existia algum problema com a sua conta, devia abrir o seu *browser* de internet (Internet Explorer, Microsoft Edge, Google Chrome, Mozilla Firefox, Opera, etc.) e escrever o domínio do seu banco - www.omeubanco.com na barra de endereços. Assim teria mais certezas de que estava a aceder ao site do banco e não a um site clonado.

Mesmo assim, por precaução, nessa página deveria introduzir um número de utilizador e uma palavra passe erradas. Se estivesse efetivamente no site do banco ir-lhe-ia aparecer uma página de erro. Quando chegasse a essa página de erro, então sim, teria a certeza que estava no site do banco. Deveria então seguir os *links* dessa página de erro para finalmente aceder à sua conta online.

Veja: os cibercriminosos não sabem as suas credenciais. Um site clonado do site banco não tem como saber se o seu número de utilizador e a sua palavra passe estão corretos ou não. Esse site clonado vai-se limitar a aceitar os dados que inserir e tomá-los como certos e a sua ligação vai seguir em frente como se tivesse inserido as credenciais certas. Você pode usar este pormenor a seu favor. Você sabe que credenciais erradas não deverão ser aceites como certas. Por isso, se as credenciais que sabe erradas forem aceites como corretas pelo site, algo está errado.

Lembre-se: aceda ao site do seu banco escrevendo sempre o domínio da página do banco na barra de endereços e introduza um número de utilizador e a *password* errados. Se o site mostrar o erro é quase certo que está no site do banco. Se não apresentar nenhum erro, desconfie e não prossiga com a ligação. Desligue o computador e alerte o seu banco do sucedido.

Tome nota ainda que o phishing não se resume ao método acima explicado. Os cibercriminosos utilizam centenas de variações deste método para se apropriarem das credenciais ou por vezes até diretamente do dinheiro das vítimas. As, assim chamadas, campanhas de phishing, são muitas vezes inclusive enviadas por outros canais que não o email.

Muitas vezes essas campanhas de phishing são enviadas através de mensagens de texto (SMS) para o telemóvel das vítimas. Nessas mensagens de texto, os cibercriminosos podem também enviar *links* com o propósito de iniciar o processo acima explicado, mas isso explicaremos no capítulo seguinte. Os cibercriminosos podem inclusive criar um engano e solicitar diretamente nas mensagens de texto que a vítima proceda a pagamentos, como no exemplo que se segue.

Imagine que num sábado de tarde recebe uma mensagem escrita no seu telemóvel proveniente aparentemente da empresa que lhe fornece água com o seguinte texto: "A sua fatura de água está em atraso. FT2097-54 - €42,13. Corte do serviço programado para o dia de amanhã. Evite a interrupção do fornecimento e o pagamento das taxas de reposição do serviço. Liquide já a sua fatura em atraso. Entidade 12345, Referência 123456789, Valor €42,13".

Você não sabe se efetivamente deve ou não essa fatura, mas não quer que lhe cortem a água no dia seguinte, domingo. Limita-se a assumir que poderá até ter alguma fatura em atraso e faz o pagamento daquela despesa. Afinal são só cerca de €42. Abre a aplicação do banco no seu telemóvel e faz o pagamento. Na segunda-feira irá contactar com a empresa e esclarecer que fatura é essa que está em atraso. Se não existir nenhuma fatura em atraso e isto tiver sido um engano, não há problema, fica com esse dinheiro a crédito na empresa para pagar as faturas seguintes.

No entanto, quando contactar com a empresa das águas no dia seguinte a ter feito o pagamento- na segunda-feira, você percebe que na realidade nunca foi devedor de fatura nenhuma. A mensagem não lhe foi enviada por aquela empresa. A entidade e a referência que estavam na mensagem dizem respeito ao carregamento de uma conta online do cibercriminoso que nada tem a ver com a empresa das águas. Você foi enganado e deu €42,13 ao cibercriminoso.

Voltamos aqui à matemática que já expusemos acima. Se o cibercriminoso enviar mil mensagens para números aleatórios e se 10% dessas pessoas pagarem com medo que lhes cortem a água, são cem pessoas a pagar €42,13, são €4213. As listagens de números são vendidas online. Os serviços de envio de SMS são vendidos legitimamente online para campanhas publicitárias em pacotes de 1000 mensagens por €10. Já se tinha apercebido da rentabilidade de um esquema destes?

Qual é a única forma de se proteger nestes casos? Não deve pagar se não estiver em falta com nenhum pagamento. Na dúvida, não pague e esclareça primeiro se é ou não devedor de tal pagamento. Confirme sempre se a entidade e a referência da mensagem é da empresa que diz ser.

Note que a mensagem foi enviada no sábado e o corte seria efetuado no dia seguinte, portanto, domingo. Perceba que geralmente este tipo de mensagens não é enviado ao fim-de-semana e os cortes não são feitos aos domingos, dia de descanso dos funcionários. Tenha também isto em conta. O cibercriminoso envia as mensagens durante o fim de semana porque as empresas estão fechadas e não há ninguém que possa ajudar a esclarecer aquela mensagem. O que é válido para a água é válido para a eletricidade, gás ou qualquer outro serviço.

Os esquemas de *phishing* são também utilizados em estratégias criminosas de recolha de outras credenciais que não as credenciais bancárias. Estes esquemas são usados também em portais de acesso a caixas de email (gmail, yahoo, hotmail, etc.), em redes sociais, páginas de login ao webmail de empresas, acessos remotos a redes informáticas de empresas, em plataformas de jogos online... a imaginação é o limite. Basta criar uma página igual à página de autenticação, fazê-la chegar às vítimas e fazer com que introduzam ali as suas credenciais.

Tipicamente, todas as mensagens de phishing fazem uso de uma estratégia utilizada também pelo marketing. De alguma forma tentam imputar à vítima um sentido de urgência que a empurre para a ação naquele momento. Para esse propósito usam frases como "autentique-se e registe-se já, a promoção vai acabar entretanto", "se pagar já evita o corte do serviço e respetivas despesas", "foi detectada agora mesmo uma tentativa de fraude com as suas credenciais", ou algo dentro deste género que tenta levar à acção da vítima imediatamente. Saiba identificar também estas estratégias para conseguir perceber se está a ser alvo de algum ataque deste género, protegendo-se. Claro, o mesmo se aplica ao marketing. Na maioria das vezes a promoção não vai acabar. Pare e pense antes de agir descontroladamente.

3. SMISHING

No fundo, os esquemas de *smishing* não são mais do que esquemas de *phishing*, mas praticados pelo cibercriminosos através de mensagens de texto enviadas para telemóveis (SMS). Daí o nome *smishing* (fusão entre SMS e *Phishing* - os informáticos e o seu calão... não ligue).

Para montar os esquemas de *smishing,* os cibercriminosos compram pacotes de milhares de SMS, adquirem uma base de dados de números de telemóvel (agora já sabe que se podem comprar essas bases de dados na internet) e enviam esses milhares de SMS para esses números de telemóvel. O restante esquema é em tudo igual ao esquema de *phishing*.

À semelhança do *phishing*, estes esquemas criminosos também são compostos por uma fase de *engenharia social* que neste caso é conseguida por mensagens de texto, que têm como objectivo levar a que as vítimas cliquem numa ligação de internet.

Com os esquemas de *smishing* os cibercriminosos tiram partido das versatilidade dos telemóveis atuais, autênticos computadores. Hoje em dia, em qualquer telemóvel (smartphone), ao receber uma SMS com uma ligação de internet, automaticamente o sistema operativo do telemóvel reconhece essa ligação como um endereço de internet, mostrando-a como tal (de cor azul e sublinhado) e permite ao utilizador clicar-lhe como se estivesse numa página de internet.

Em cima de tudo isso, hoje todos nós estamos quase que programados para carregar numa ligação de internet quase que por instinto. Com a tecnologia tão presente nas nossas vidas, hoje somos quase que compelidos instintivamente a clicar nas ligações de internet (os famosos *links*) sem pensar. A internet hoje é *point and click*. Primeiro clicamos e só depois pensamos.

Os cibercriminosos tiram partido destes comportamentos instintivos aliados às capacidades da tecnologia, enviam os *links* inseridos numa SMS com um texto minimamente plausível e... *voilá*... A vítima segue essas ligações sem pensar. As vítimas são assim direcionadas para sites clonados de bancos, para ofertas de telemóveis topo de gama a preços muito baratos, ou para qualquer outros sites ou ofertas, sejam elas fraudulentas ou não.

Uma das formas como atualmente os cibercriminosos estão a atuar, passa pelo envio de SMS com o seguinte texto: "A sua encomenda está a aguardar o pagamento de €2 de taxas de importação. Pague aqui https://bitly.com/Dsfreg9J". Os cibercriminosos enviam essa mensagem para um pacote de milhares de números de telemóvel e esperam que as vítimas vão acedendo à ligação de internet em questão.

Nos dias de hoje em que o comércio virtual está tanto na moda, é muito provável que muitas das pessoas que receberem essa SMS, estejam efetivamente à espera de algum produto que tenham adquirido online. Essas pessoas admitem por isso que efetivamente algum dos produtos que tenham adquirido possa ter ficado retido na alfândega, aceitando aquela SMS como legítima. Clicam no *link* e são direcionados para um site que pode ter o aspecto de um site oficial das alfândegas, e onde lhe pedem o número de cartão de crédito para proceder ao pagamento das tais taxas. Como é de um montante pequeno - €2, as vítimas acabam por pagar sem questionar sequer, introduzindo ali os dados do seu cartão de crédito.

Aqui, os cibercriminosos podem optar por uma de três alternativas:

- Podem cobrar naquele momento apenas os €2, sendo que esses €2 são uma inscrição num qualquer serviço de pagamentos recorrentes mensais. Nesse caso a vítima só vai perceber ao fim de alguns meses que o seu cartão de crédito está a ser cobrado mensalmente num qualquer valor, tipicamente um valor relativamente baixo de €10 ou €20 que a maioria das vítimas não nota porque não confere o extrato mensal do cartão de crédito;
- Podem não cobrar sequer valor nenhum do cartão de crédito naquela altura, estando apenas interessados em recolher os dados dos cartões de crédito da vítima, para os utilizar depois a seu belo prazer; ou
- Podem optar por uma terceira alternativa que é um misto das duas anteriores, ou seja, cobram os €2 naquele momento como inscrição do serviço de pagamento recorrente e guardam os dados do cartão de crédito que utilizam depois quando e com os valores que quiserem.

Há outras variações deste tipo de esquema em que os cibercriminosos encaminham as vítimas, por exemplo, para um site de uma transportadora, onde referem que têm a encomenda para entregar mediante o pagamento dos tais €2. Nessa página identificam o produto que têm para entregar, por exemplo, um telemóvel de alta gama. Após pedem então a morada de entrega, o contacto, e o pagamento dos €2 através de cartão de crédito. Ora o número de telemóvel e a morada servem apenas para alimentar as bases de dados de números que depois usam e/ou vendem a outros cibercriminosos. Os dados do cartão de crédito servem para uma das alternativas que já descrevemos.

Pode-se pensar que isso já seria coincidência a mais. Essas vítimas tinham que ter comprado um telemóvel daquele modelo e estar à espera da sua entrega. Por incrível que pareça, muitas das pessoas que recebem estas SMS clicam instintivamente no *link*, mesmo que não estejam à espera de nenhum produto caindo no esquema criminoso.

Nesses casos os cibercriminosos tiram partido de um sentimento menos nobre mas, infelizmente, tão próprio de alguns seres humanos - a ganância. Essas pessoas acabam por pensar que a SMS veio para si por engano e que vão receber um telemóvel topo de gama em sua casa pagando apenas os €2. Introduzem o mais rápido e *secretamente* possível todos os dados que lhe são solicitados nas páginas dos cibercriminosos sem pensar em mais nada. Acham que foram bafejadas pela sorte, um telemóvel topo de gama apenas por dois Euros. No entanto, foram bafejadas não pela sorte mas sim pelo azar. São só mais uma vítima de um esquema de *smishing*. Logicamente não vão receber telemóvel nenhum e vão ver o seu cartão de crédito espoliado dos valores que os cibercriminosos entenderem.

Além destes SMS com supostas taxas de Alfândega ou da transportadora, existem também outros direcionados a vítimas que tenham produtos à venda em sites de anúncios gratuitos.

Informaticamente, é muito fácil fazer um programa que corra esses sites de anúncios para recolher todos os números de telemóvel de cada um dos anunciantes. Com esses números recolhidos, é só criar uma mensagem de texto genérica (SMS) como se fosse proveniente do site de anúncios em causa, e enviá-la a todos esses números de telemóvel. Essas pessoas estão já muito mais receptivas àquelas SMS, acreditando sem pensar que são provenientes do site onde têm os anúncios. Basta o cibercriminoso inserir um *link* nessas SMS e os destinatários vão seguir essa ligação (mesmo sendo maliciosa) sem pensar duas vezes.

Note que, como sempre, estes exemplos são apenas modos de atuação que os cibercriminosos estão a usar agora, na data em que estas linhas estão a ser escritas. Tudo isto são bases de trabalho para os cibercriminosos. É muito provável que quando algum destes esquemas lhe seja apresentado, quando receber uma destas mensagens de texto, receba uma versão diferente das que aqui viu. Os cibercriminosos são pessoas com muita imaginação e criatividade.

No entanto, ainda que o texto das SMS seja diferente, ainda que os cibercriminosos tentem apelar a uma qualquer urgência ou necessidade, o objectivo é sempre o mesmo, eles apenas pretendem que clique nos *links*. Por isso, se receber alguma mensagem de texto no seu telemóvel com uma ligação de internet (*link*), levante logo todas as suas defesas e aumente o seu grau de desconfiança. Quase sempre essas mensagens têm intenções fraudulentas. Essas mensagens são apenas uma ferramenta de engenharia social com a função de o enganar e levar (ainda que instintivamente) a clicar nas ligações das mensagens.

Agora já sabe o que poderá acontecer se clicar nesses *links*,.

Se por alguma razão ou algum *condicionalismo psicológico incontrolável* (também conhecido por curiosidade) não conseguir de todo evitar ver onde conduz aquela ligação, faça uma pausa, ligue um computador e acesse essa ligação no computador. Ao fazê-lo num computador vai tirar partido de várias vantagens que podem evitar que se torne uma vítima. Em primeiro lugar, no computador o ecrã é maior e você vai estar naturalmente mais disponível para ler o conteúdo das páginas para onde vai ser direcionado - e não se esqueça, leia bem o conteúdo desses sites e esteja sempre alerta. Em segundo lugar, no computador vai conseguir fugir ao instinto de clicar em tudo o que aparece que todos nós temos nos telemóveis.

51

Em terceiro lugar, as SMS são criadas pelos cibercriminosos sabendo que vão ser lidas num telemóvel. Por isso, se os sites para onde as vítimas são direcionadas estiverem infectadas com algum *vírus*, esse vírus vai estar construído para infetar telemóveis. Se aceder a esses sites num computador reduz as hipóteses de ser infetado. Em quarto e último lugar, enquanto liga o computador para aceder ao *link*, vai ter tempo para pensar e para tomar consciência de que essa SMS é quase de certeza um esquema criminoso. Vai ter mais um momento para pensar e decidir não aceder a essa página. Se ainda assim, não conseguir resistir à curiosidade, vai ter muito mais atenção às páginas, pois já está alerta para o facto de estar na presença de um esquema criminoso.

Mas, resumindo.

Caso receba uma mensagem de texto (SMS) que tenha um *link* (ligação de internet) para clicar, é quase certo que se trata de um esquema criminoso. Não clique em nenhum desses *links*. Limite-se a reportar essa mensagem como *spam* se o seu telefone tiver essa opção, apague a mensagem e bloqueie esse número.

4. CREDENTIAL STUFFING

Nos ataques de *credential stuffing* os cibercriminosos acedem às credenciais dos utilizadores guardadas nas bases de dados de sites, alavancando depois essa informação recolhida. Tipicamente essas bases de dados estão organizadas em tabelas tendo cada tabela um tipo de dados.

Os cibercriminosos encontram sites com vulnerabilidades, conseguem aceder às suas bases de dados e fazem o *download* de todo o seu conteúdo. Em termos de jargão informático, os cibercriminosos referem-se a estas operações como fazer o *dump* de toda a base de dados ou de algumas das suas tabelas.

Por motivos óbvios, tipicamente os cibercriminosos a que aqui nos referimos procuram nessas bases de dados as tabelas com dados bancários. Contudo, a grande maioria dos sites a que conseguem aceder não têm dados bancários dos utilizadores.

Mas há uma tabela que as bases de dados de todos os sites têm: a tabela com a informação dos utilizadores. Nessa tabela estão armazenados os vários elementos de cada um dos utilizadores com conta no site. Na tabela dos utilizadores podem estar dados como o nome completo, a morada física, o número de documento de identificação, eventualmente, o número de cartão de crédito para pagamentos recorrentes no site... varia muito de site para site.

No entanto, essa tabela dos utilizadores vai ter de certeza dois campos com informação que interessam aos cibercriminosos: o endereço de email de cada um dos utilizadores e a palavra passe de acesso àquele site. Tipicamente são estes dois elementos que os cibercriminosos exploram neste tipo de ataque.

Com o download da informação da tabela dos utilizadores, os

cibercriminosos conseguem muitas vezes milhões de pares email/palavra passe.

Mas para se perceber melhor o que vamos referir mais à frente, importa perceber que os sites guardam as palavras passe dos seus utilizadores *encriptadas*. Por segurança, quando um utilizador se regista num site e escolhe uma palavra passe, essa palavra passe é processada através de um algoritmo de cifragem a que se dá o nome de *hashing,* dando origem a uma *assinatura hash.* É essa *assinatura hash* que o site guarda nas suas bases de dados.

Pode ver no quadro seguinte um exemplo de palavras passe (à esquerda) e as *assinaturas hashes* correspondentes (à direita). Cada palavra passe inserida pelos utilizadores é encriptada pelo processo de *hashing* resultando nos códigos da esquerda. Chamemos a cada um desses *códigos* o *hash* da palavra passe. São esses *hash* que os sites guardam nas suas bases de dados.

Palavra Passe inserida pelo utilizador do site	*Hash* correspondente guardado nas tabelas dos sites
123456789	f7c3bc1d808e04732adf679965ccc34ca7ae3441
palavrapasse	be47ab82ef3736b7567629ad6e8630cd62597fe6
password	5baa61e4c9b93f3f0682250b6cf8331b7ee68fd8
datadenascimento	15ec2a70f133e2cfb6ac9cc965da0c25149e5375
onomedocao	9bec5b8e0ab221bab127f83e5340326a0df11282
senha	7751a23fa55170a57e90374df13a3ab78efe0e99
senhasecreta	23edf28ca696fa24cb13a400a868c99b0cb37f63
riodejaneiro	b8fc3cdea7a039b5da771735d0f788f0516889ba
indaiatuba	93c520877b36f9d8bd229494ca8d0403a703835c
viracopos	ac8f4a9b2142aea81d67a7effe346fd40eb04787

Esse processo de *hashing* é utilizado como uma camada de segurança porque é unidirecional, ou seja, a partir da palavra passe sabe-se qual é o *hash*, mas a partir do *hash* não é possível saber a palavra passe que lhe deu origem. Além disso, cada palavra passe resulta sempre no mesmo *hash* único, ou seja, aquele *hash* corresponde só a uma e uma só palavra (ou conjunto de palavras).

Quando o utilizador cria uma conta no site introduz o seu email e cria a palavra passe que pretende. O servidor do site quando recebe esses elementos, em vez de guardar a palavra passe que o utilizador inseriu, faz o *hashing* dessa palavra passe e guarda esse *hash*.

Quando o mesmo utilizador aceder novamente ao site e introduzir o seu email e a sua palavra passe, o site vai ver qual é o *hash* da palavra passe inserida e vai compará-lo com o *hash* que tem guardado na base de dados. Se os *hashes* forem iguais, isso quer dizer que a palavra passe inserida é igual à que está na base de dados e permite o acesso àquele utilizador.

Resumindo, o que importa aqui é que o mecanismo de *hash* é unidirecional (da palavra passe tira-se o *hash*, mas do *hash* não é possível perceber a palavra passe) e que os sites guardam só o *hash* da palavra passe e não a palavra passe em si.

Mas, voltando ao ataque de *Credential Stuffing*.

Percebemos agora que quando os cibercriminosos conseguem *hackear* um site e fazer o *download* das tabelas de utilizadores, eles ficam com a informação dos endereços de email e dos *hashes* das palavras passe associadas. A essa lista de emails e *hashes* vamos chamar de LISTA 1 e será uma lista deste género:

LISTA 1 - Exemplo

User email	Password hash
user1@gmail.com	f7c3bc1d808e04732adf679965ccc34ca7ae3441
user2@mail.com	be47ab82ef3736b7567629ad6e8630cd62597fe6
user3@aol.com.br	5baa61e4c9b93f3f0682250b6cf8331b7ee68fd8
user4@hotmail.com	15ec2a70f133e2cfb6ac9cc965da0c25149e5375
user5@sapo.pt	9bec5b8e0ab221bab127f83e5340326a0df11282
user6@yahoo.fr	7751a23fa55170a57e90374df13a3ab78efe0e99
user7@tutanota.com	23edf28ca696fa24cb13a400a868c99b0cb37f63
user8@cgd.pt	b8fc3cdea7a039b5da771735d0f788f0516889ba
user9@yahoo.com.br	93c520877b36f9d8bd229494ca8d0403a703835c
user10@gmail.com	ac8f4a9b2142aea81d67a7effe346fd40eb04787

Para servir como exemplo, esta lista tem apenas dez utilizadores. Mas saiba que existem muitos sites com milhões de registos de utilizadores. Quando os cibercriminosos conseguem aceder às bases de dados desses sites conseguem retirar essa informação desses milhões de utilizadores

A informação da LISTA 1, só por si, não é ainda valiosa pois os cibercriminosos apenas têm os *hashes*, não sabem quais são efetivamente as palavras passe.

Já sabemos que o processo de *hashing* é unidirecional. Mas também sabemos que a cada palavra passe corresponde um *código hash* único. Partindo deste pressuposto, os cibercriminosos processam a LISTA 1 com programas que usam listagens das palavras passe mais comuns e de outros milhões de palavras existentes nas várias línguas do mundo. Calculam o *hash* de cada uma dessas palavras e comparam-nos com cada um dos *hashes* da LISTA 1. Quando encontram dois *códigos hashes* iguais ficam a saber qual é a palavra passe. Nessa fase, os cibercriminosos ficam com as listagens dos endereços de email e das palavras passe dos utilizadores, mas apenas naquele site. A esta lista já com as palavras passe vamos chamar de LISTA 2.

LISTA 2- Exemplo

User email	Palavra passe
user1@gmail.com	123456789
user2@mail.com	palavrapasse
user3@aol.com.br	password
user4@hotmail.com	datadenascimento
user5@sapo.pt	onomedocao
user6@yahoo.fr	senha
user7@usa.com	senhasecreta
user8@cgd.pt	riodejaneiro
user9@yahoo.com.br	indaiatuba

Esta lista LISTA 2 tem já algum valor pois já é inteligível. Mas, ainda assim, esta lista tem apenas as palavras passe dos utilizadores no site *pirateado* pelos cibercriminoso.

Bom, mas é aqui que os cibercriminosos tiram partido das estatísticas.

Há estudos que referem que cerca de 25% dos internautas usam a mesma palavra passe em todas as suas contas online. É nesta estatística que os cibercriminosos apostam nos esquemas de *credential stuffing*. Eles sabem que é provável que alguns dos utilizadores deste site usem a mesma palavra passe noutros sites e serviços online.

Para explorar essas probabilidades os cibercriminosos processam esta LISTA 2 (emails e palavras passe do site *pirateado*) com programas a que chamam de *Account Checkers*. Esses programas testam de forma automática cada um desses pares de emails/palavras passe nos sites que os cibercmirnosos pretenderem. Os cibercriminosos apontam então esses programas para vários sites e serviços online (servidores de email, redes sociais, sites de bancos, sites de serviços públicos, sites de compras, sites de carteiras eletrónicas, portais de pagamentos, ou outros) e verificam em cada um deles se aqueles pares de emails/palavras passe da LISTA 2 são aceites.

Depois de completamente processada, a LISTA 2 vai dar origem a muitas outras listas que vamos chamar de LISTAS FINAIS. Estas LISTAS FINAIS já são listas de credenciais de acesso de cada um dos sites testados com os emails dos utilizadores e as palavras passe já validadas e confirmadas. Nesta fase os cibercriminosos já vendem essas listagens ordenadas e separadas. Já vendem por exemplo, listas de credenciais de acesso a contas Paypal, ou listas de acessos a contas Amazon, ou ainda listas de acesso a contas Gmail, dependendo da informação que conseguirem.

Todos estes testes são feitos de forma automática por programas informáticos. Por isso, chegar desde a LISTA 1 até estas LISTAS FINAIS poderá demorar algumas horas ou algumas semanas, dependendo do número de utilizadores do site *pirateado* inicialmente e da capacidade dos computadores e dos programas usados pelos cibercriminosos.

Agora que já percebemos o que são e como se processam este ataques de *credential stuffing*, já podemos fazer contas.

Lembram-se da notícia de problemas de segurança na plataforma de videoconferência online Zoom em 2020? Nessa altura o Zoom tinha trezentos milhões de utilizadores ativos. Essa LISTA 1 a que os cibercriminosos acederam tinha portanto trezentos milhões de pares email/*hashes*.

Mas vamos ser mais comedidos nas nossas contas. Vamos supor que o site *pirateado* pelos cibercriminosos tinha um milhão de utilizadores.

➔ **LISTA 1 = 1.000.000** de endereços de pares email/*hash* das palavras passe

Vamos supor que 5% desse milhão de utilizadores tinham palavras passe pouco complexas e que por isso constavam das listagens de palavras que os cibercriminosos usaram para obter a LISTA 2. Com esta percentagem de 5%, os cibercriminosos conseguiriam passar do *hash* para a palavra passe em cinquenta mil utilizadores, ficando assim com a palavra passe e o email de cinquenta mil utilizadores do site.

➔ **LISTA 2 = 50.000** endereços de email e palavras passe do site

Aplicando a estatística que já referimos - 25% das pessoas usam sempre a mesma palavra passe nos vários sites - verificamos que depois de testar as palavras passe da LISTA 2 noutros sites, os cibercriminosos ficam com LISTAS FINAIS de 12.500 emails e palavras passe de sites e serviços online de várias índoles. Essas listagens acabam à venda em sites e fóruns da especialidade, já catalogadas por site ou serviços, tendo cada uma delas o seu preço mediante o tipo de site ou serviço em questão. O negócio dos cibercriminosos nestes esquemas de *credential stuffing* é este - a venda das LISTAS FINAIS.

➔ **LISTAS FINAIS = 12.500 credenciais de acesso a vários sites e serviços**

Se o leitor fosse um dos utilizadores do site que os cibercriminosos *piratearam*, as suas palavras credenciais estavam nessas primeiras listagens. Com a quantidade de ataques a sites que ocorrem diariamente, é uma questão de tempo até os cibercriminosos *piratearem* um site onde você tem conta, é tão simples quanto isso.

Como pôde ver, a segurança desses dados não depende de si, ou tão pouco da credibilidade do site onde criou uma conta de utilizador. Estes ataques de *credential stuffing* ocorrem em todo o tipo de sites, desde o mais pequeno e com menos seguranças ao site da empresa mais credenciada e reconhecida do mercado. Ouvem-se diariamente notícias relacionadas com problemas de segurança de várias empresas e sites, em que os cibercriminosos conseguiram aceder a informação de biliões de utilizadores. Um desses utilizadores pode ter sido você.

A única forma que você tem de se proteger deste tipo de ataques é utilizar palavras passe complexas. Não use palavras que constem no dicionário da sua língua, nem nomes de cidades ou de pessoas. Inclua sempre nas suas palavras passe letras maiúsculas, letras minúsculas, algarismos e caracteres especiais (!,",#,$,%,&,etc.). Quanto menos inteligível e mais complexa for a sua palavra passe menos hipóteses tem de estar nas listas de palavras que os cibercriminosos usam para descodificar os *hashes* (quando passsam da LISTA 1 para a LISTA 2).

Mas, mais importante ainda que usar palavras passe complexas: tenha uma palavra passe única para cada site; se não conseguir decorá-las todas, utilize por exemplo variações da mesma palavra passe mas que seja única para cada site.

Faça este exercício: Vamos supor que o seu email e palavra passe era um dos que constavam na LISTA 1. Se tivesse usado uma palavra passe complexa, provavelmente os cibercriminosos não iriam conseguir saber qual tinha sido, ficando apenas com o inútil *código hash* da palavra passe. Mas mesmo que de alguma forma conseguissem saber qual era a sua palavra passe, se você tivesse usado uma palavra passe única por site, os cibercriminosos ficavam a saber apenas a palavra passe de acesso ao site que *piratearam*.

Geralmente os sites acabam por perceber que tiveram quebras de segurança e alertam os seus utilizadores. Caso assim fosse, para resolver o seu problema, bastava-lhe alterar a palavra passe de acesso a esse site e... *voilá*, problema resolvido. Já se tivesse a mesma palavra passe em todos os sites onde tem conta, teria que alterá-las em todos os sites, um a um. Lembra-se, sequer, de todos os sites onde tem conta? Pois é. Algum iria ficar para trás.

O cibercriminoso que compra as LISTAS FINAIS de emails e palavras passe, usa-as por exemplo, para aceder ao email das vítimas. Com o acesso ao email da vítima, o cibercriminoso pode fazer-se passar por ela na internet. Pode, por exemplo, enviar mensagens a todos os contatos da vítima a pedir dinheiro emprestado. Poderá dizer que está de férias, por exemplo, no Benin em África, que foi assaltado naquele país e que ficou sem telemóvel, sem documentos e sem dinheiro. Depois pede ajuda a todos os contactos, pedindo que alguém lhe envie dinheiro emprestado por Western Union para aquele país em nome de um amigo (pois não tem documentos para levantar dinheiro nem outra forma de contacto). De entre tantos contatos que todos temos hoje em dia nas nossas contas de email, há-de haver alguém que envie algum dinheiro, pensando estar a emprestá-lo à vítima.

O cibercriminoso pode também aceder ao email da vítima e enviar uma mensagem para o banco, ordenando uma transferência de dinheiro para a conta, por exemplo, de um suposto cliente (ainda há muitas empresas que têm este mau hábito de ordenar transferências por email), ou pode criar contas em redes sociais associadas ao email fazendo-se passar pela vítima, a imaginação do cibercriminoso é mais uma vez o limite.

Imagine que a palavra passe que foi descoberta no site *pirateado*, é a mesma que a vítima utiliza nos acessos à sua conta Paypal, ao Ebay ou ao site da Amazon. Os utilizadores destes serviços têm quase sempre os seus cartões de crédito associados à sua conta de utilizador para pagamentos recorrentes. Esses serviços são portas abertas para as contas bancárias das vítimas. Com acesso às credenciais de acesso a esses serviços, os cibercriminosos ficam pura e simplesmente com acesso ao dinheiro das vítimas.

Enfim… mais uma vez, nestes ataques, não há limites para o que os cibercriminosos podem fazer com as listagens de emails e palavras passe confirmadas. A única ferramenta que você pode utilizar para se proteger é usar uma palavra passe única para cada site e sempre o mais complexas que conseguir.

5. CIBERCRIME MENOS TÉCNICO

Desde sempre houve pessoas a praticar burlas (estelionatos no português do Brasil). Sempre existiram burlões (ou estelionatários) mesmo muito antes de existir sequer a internet.

Lembrei-me agora de algumas dessas burlas mais clássicas que importa também aqui alertar os leitores. Se as conhecerem conseguem-se proteger.

O criminoso que apanha um anel de ouro caído no chão à frente da vítima e lhe diz: olha o que nós encontrámos!! Durante a conversa que se desenrola sobre o valor daquele anel, passa alguém que se mete na conversa, olha para o anel grosso de ouro e diz que vale muito dinheiro (chegando a atribuir-lhe um valor em concreto). O criminosos diz depois que está ilegal no país e que não tem documentos (ou outra história qualquer), e por isso está impossibilitado de participar na venda do anel numa ourivesaria.

Mais alguma conversa e a vítima acaba por pagar ao criminoso metade do valor do anel (ou ligeiramente menos) ficando com o anel para si. Quando a vítima vai vender o anel numa ourivesaria, já sozinho, descobre que o anel não é de ouro mas sim de latão. O anel não tem valor nenhum e aqueles dois (o indivíduo que encontrou o anel e o tal a avaliador) enganaram-no.

Existe outra variação deste esquema mas com um pacote - a *Burla do Paco*. Num local público movimentado, alguém passa a correr e deixa cair um pacote. O criminoso apanha-o à frente da vítima e, mais uma vez, diz-lhe: olha o que nós encontrámos!!

O pacote está feito de forma a parecer ter um maço de notas no seu interior. O criminoso manuseia o pacote à frente da vítima e chegam à conclusão que se trata mesmo de um maço de notas, mostrando à vítima as primeiras duas ou três notas do maço. A vítima fica convencida que aquele pacote tem dezenas ou centenas de notas. O resto do guião é o mesmo da burla do anel. O criminoso está com pressa e inventa um problema que impede que o dinheiro seja ali dividido entre os dois. Por proposta do criminoso a vítima acaba por lhe pagar em dinheiro ou com algum bem de valor que tenha consigo (casaco, relógio, computador, telemóvel, o que for) e fica com o pacote das notas. Quando a vítima finalmente abre o pacote, percebe que o maço só tem as duas notas que tinha visto, mas o resto são papéis cortados à medida das notas. Foi enganado.

Já que estamos nos esquemas clássicos, aqui vai mais um - a venda do bilhete premiado. O criminoso, com um bilhete de Euromilhões na mão, aborda a vítima pedindo-lhe para ver no seu telemóvel os resultados do sorteio. A vítima consulta os resultados e chegam os dois à conclusão de que o bilhete do criminoso está premiado. Mais uma vez o criminoso não tem documentos porque é um emigrante ilegal no país (ou outra história qualquer) e por isso não pode levantar aquele prémio. Acaba por convencer a vítima a comprar-lhe o bilhete premiado por uma parte do valor do prémio. A vítima não tem dúvidas de que o bilhete é premiado, pois ele próprio acabou de o verificar. A vítima decide aproveitar aquela hipótese de ganhar algum dinheiro e acaba por comprar o bilhete ao criminoso, pagando-lhe em dinheiro uma quantia muito menor do que o valor do prémio. Quando vai levantar o prémio percebe que o bilhete é falso ou que é um bilhete com os números certos, mas para o sorteio da semana seguinte, que ainda não saiu. Foi enganado.

Outro dos esquemas clássicos que também implicam a presença física dos criminosos é o esquema dos Dólares Negros. O criminoso apresenta-se como representante do ex-governante de um país africano, dizendo que esse ex-governante tem grandes quantias de dinheiro em notas de cem dólares americanos que recebeu de vários atos de corrupção e afins praticados enquanto estava no poder. Para que não lhe apreendessem esse dinheiro quando foi deposto do cargo, o ex-governante pintou todas as notas com uma tinta preta para que ninguém percebesse que se tratavam de notas de dólar. O criminoso apresenta à vítima uma dessas notas (papel cortado com a medida das notas de cem dólares e pintado de preto) e um frasco com um líquido incolor que diz ser capaz de tirar a tinta das notas. Faz uma demonstração com aquela nota pintada de preto e com o líquido, conseguindo tirar a tinta da nota. O que faz na realidade é trocar o papel preto por uma nota de cem dólares sem que a vítima se aperceba, qual truque de ilusionismo. O que a vítima percepciona é que efetivamente aquilo se tratava de uma nota pintada de preto e que aquele líquido tirou a tinta.

O criminoso diz então à vítima que está disposto a vender-lhe aquele maço de notas pretas e alguns frascos de líquido. A vítima, vendo que pode ganhar muito dinheiro fazendo depois o câmbio dos dólares, acaba por comprar alguns maços daqueles *dólares negros* e alguns frascos do tal líquido por menos de metade do valor de todas aquelas notas de cem dólares. Logicamente aqueles *dólares negros* são só papéis cortados com a medida das notas e pintados de preto. Aqueles papéis não são, nem nunca foram, dinheiro e a vítima foi enganada. Geralmente todo este negócio é envolvido em secretismo e a vítima é levada a pensar que está a participar num esquema internacional de lavagem de dinheiro proveniente de corrupção no país do ex-governante africano. Muitas vezes a vítima acaba por nem sequer apresentar queixa nas autoridades.

Assim descontextualizados, todos estes esquemas podem parecer ridículos. Com facilidade, cada um de nós se sente tentado a dizer que era impossível cair em algum deles. No entanto, não se esqueça que os esquemas que referimos são bases de trabalho para os criminosos. Com estas bases e com imaginação, eles conseguem criar versões alternativas deste tipo de esquemas e, não tenha dúvidas, que as vítimas acabam por cair.

Lembre-se que quando as vítimas são abordadas pelos criminosos, é a primeira vez que são confrontados com todos estes enredos. Já os criminosos têm todo o esquema já afinado pela sua prática repetida dia após dia, vítima após vítima. As dúvidas ou questões que a vítima levante foram já apresentadas várias vezes por outras vítimas e os criminosos têm uma resposta lógica e plausível já preparada. Por isso, a vítima parte sempre em desvantagem. É por isso que a melhor maneira de não ser enganado é não falar sequer com estes criminosos. Cada um de nós só consegue este propósito se identificar logo à partida que se trata de um esquema criminoso. Para isso tem que saber da existêcnia desse mesmo esquema.

Os esquemas clássicos que mostrámos implicam sempre a presença física dos criminosos junto às vítimas. Com a deslocação de grande parte da vida das pessoas para o ciberespaço, estes criminosos também se adaptaram e passaram a operar na internet.

Na internet, estes criminosos passaram a ter o mundo como palco de atuação. Agora já não precisam de estar fisicamente nos locais onde cometem os crimes. Através da internet podem estar num continente e provocar vítimas noutro. Basta para isso utilizar plataformas de vendas, redes sociais e um canal de comunicação através da internet (messenger, whatsapp, telegram, etc). Com essas ferramentas conseguem fazer crer às vítimas o que quiserem acerca da sua identidade e da sua localização. Atuando pela internet os cibercriminosos conseguem facilmente anonimizar-se, o que torna a prática destes crimes cada vez mais apelativa, levando ao seu crescimento exponencial.

Mas, passemos a mais um esquema (ciber)criminoso.

Esta é uma das burlas mais comuns por ser muito fácil de fazer e por não exigir nenhum conhecimento técnico de informática. O criminoso coloca um produto à venda numa plataforma de vendas online (olx, mercado livre, craigslist, etc.), recebe o dinheiro e não envia o produto, pois, afinal, nunca o teve para enviar.

Vamos supor a venda de um iPhone de última geração por metade do preço. Sempre são algumas centenas de Euros. É normal que estando ansiosa para ter um telemóvel de última geração, a vítima se interesse por esse anúncio. No entanto, também é normal que não esteja disposta a pagar antes de receber o iPhone porque é muito dinheiro. Nestas situações a vítima propõe que o criminoso lhe envie o produto a cobrar no destinatário. Logicamente, o criminoso aceita a proposta se a vítima lhe pagar o valor do transporte adiantado. A vítima acaba por arriscar e enviar-lhe o dinheiro do valor do transporte. Depois de enviado o dinheiro, acabaram-se os contactos entre a vítima e o criminoso. O iPhone, claro está, nunca há-de chegar a casa da vítima. Se o criminoso fizer este esquema repetidamente acaba por ganhar no total algum dinheiro.

Uma variação deste esquema, também muito comum, mas já com outra envolvência, é o esquema de venda de carros.

Como preparação deste esquema o cibercriminoso mostra-se interessado num carro que esteja à venda online e guarda as fotografias do anúncio. Contacta o vendedor, diz-lhe que é de uma cidade longe e precisa por isso de mais pormenores da viatura para equacionar a deslocação e a compra da viatura. Pede-lhe mais fotos de pormenores do carro, um vídeo da viatura com o motor a trabalhar e pede-lhe ainda fotografias dos seus documentos e dos documentos da viatura para verificar se está tudo em ordem com a documentação *com um amigo que tem numa seguradora*. O cibercriminoso fica assim na posse de todos os elementos necessários para poder ele próprio pôr aquele mesmo carro à venda online, fazendo-se passar pelo real dono.

O cibercriminoso publica então um anúncio daquele carro noutra plataforma online com o preço de venda abaixo do preço de mercado para ter mais interessados e aguarda contatos. Quando um interessado na viatura o contactar e lhe pedir mais fotografias do carro ele envia-lhas. Quando esse interessado lhe pedir fotografias dos documentos do carro e do proprietário, ele também as envia. Se se suscitar a dúvida de que tem o carro consigo e que ele está funcional, o cibercriminoso pode até ligar o motor do carro, filmar e... já percebeu, não é... enviar-lhe o vídeo.

Depois de negociarem e a vítima conseguir que o cibercriminoso baixe ainda mais o preço já de si barato, fecham o negócio. É só nesta fase que surge outra questão. O cibercriminoso (o vendedor) diz que foi viver para um país estrangeiro e levou a viatura com ele. A viatura está portanto naquele país, mas, esclarece desde logo, que para o negócio isso não é problema. O próprio cibercriminoso diz que tratará do transporte da viatura e que o valor do transporte será incluído no preço já acordado. O cibercriminoso explica então ao comprador (a vítima) que a transportadora lhe vai entregar a viatura em casa e que o comprador lhes vai pagar o transporte só na entrega. Quanto ao restante valor do negócio, o comprador pode pagar-lhe depois por transferência bancária. Ainda assim, como prova de confiança, o cibercriminoso pede também ao comprador (vítima) que lhe envie uma fotografia do seu documento de identificação.

A vítima pensa que fez o negócio da vida dela. Não tem nada a perder pois só vai pagar quando receber o carro em sua casa. Vai comprar a viatura por metade do seu valor de mercado. Negócios destes são de aproveitar. Sem pensar duas vezes envia-lhe uma fotografia do seu documento de identificação, trocam contactos e endereços de email e... venha a viatura. Combinam a entrega do carro em casa da vítima na semana seguinte ao fecho do negócio.

Passados dois dias, o comprador (vítima) recebe um email de uma transportadora (transport-vehicles@europe.com, por hipótese) dizendo que têm a viatura para entrega em seu nome. Nesse email, a transportadora refere que para darem início ao transporte terá que ser pago o montante de 10% do valor total do serviço.

O comprador (vítima), que já se imaginava ao volante da viatura que conseguiu comprar por metade do preço, contacta o vendedor (cibercriminoso) e expõe-lhe aquele problema. O cibercriminoso diz-lhe que não tem disponibilidade financeira (é até por isso que está a vender a viatura) e pede à vítima que seja ele a pagar essa despesa, e que desconte depois no valor total do negócio. O comprador acha justo e aceita. Decide arriscar mesmo sem ver o carro, pois afinal até é pouco dinheiro. Paga os tais 10% do valor do transporte, fazendo uma transferência bancária para a conta de um suposto agente da empresa que a transportadora lhe indicou no email.

Para dar mais credibilidade a esta história, o cibercriminoso pode criar um site genérico e simples da tal suposta transportadora. Existem plataformas online de criação e alojamento de sites em que é possível criar um site básico sem se ter qualquer conhecimento técnico específico. Essas plataformas têm até modelos de sites pré-feitos em que basta inserir o texto e as imagens que quisermos e... *voilá*, site feito e publicado na internet. Os custos desses sites, já com o registo de domínio, podem começar a partir de dez a vinte dólares por mês, portanto, muito barato.

Mas, voltando ao esquema criminoso. Depois de pagar os 10% do transporte, a vítima pode ainda ser contactada mais vezes pela suposta transportadora dizendo que é preciso pagar uma despesa oficial para passar uma fronteira com a viatura e que sem esse pagamento terão que voltar para trás e não podem fazer a entrega. Mais uma vez a vítima contacta com o vendedor do carro (o cibercriminoso) e ele pede-lhe para pagar também essa despesa por conta do valor total do negócio. Nessa fase, o comprador pode começar a desconfiar mas acaba por pagar. Afinal se não pagar vai perder o negócio do carro e os 10% do transporte que já adiantou. Acaba por pagar também mais esta despesa.

A transportadora vai inventando outras despesas e o cibercriminoso vai pedindo à vítima que as vá pagando. Tudo isto dura até que a vítima deixe de pagar. Quando a vítima parar de pagar, o cibercriminoso deixa de responder às mensagens e de atender os telefonemas, desaparecendo. A vítima perdeu o dinheiro que foi pagando e, está claro, o carro também nunca chegará a ser entregue em sua casa, até porque o cibercriminoso nunca teve carro nenhum para vender. Ah! Caso não tenha percebido, o cibercriminoso e a transportadora são a mesma pessoa.

A única forma que você tem de evitar ser vítima deste tipo de esquemas é usar de um princípio que deve ter em todos os negócios online ou presencialmente. Não pague nada adiantado. Faça apenas pagamentos quando tiver o bem na sua posse e nunca pague adiantado seja qual for o pretexto que lhe apresentem.

Além disso, desconfie sempre em todos os negócios. Quando o preço parece bom demais para ser verdade, geralmente é porque é. Se alguém tem um produto para vender e o preço de mercado está mais ou menos estabelecido, por que razão o haveria de anunciar mais barato perdendo dinheiro? Provavelmente quem se mostrar interessado na compra desse produto mais barato arrisca-se a ser enganado.

Por muito apelativo que lhe pareça um negócio e por muito plausível que lhe possa parecer o cenário criado para que adiante algum pagamento, nunca o faça. Pague só quando tiver o produto na mão.

No que toca a vendas de viaturas na internet, há inúmeros esquemas criminosos. Muitos deles são variações do esquema que apresentámos. Estes esquemas são feitos internacionalmente e por isso é depois muito difícil recuperar o dinheiro. Esteja muito atento para não ser enganado.

Há, por exemplo, uma variação deste esquema em que o cibercriminoso se apresenta como comprador sendo a vítima o vendedor.

Vamos supor que esta vítima tem um computador portátil à venda na internet. O cibercriminoso contacta a vítima mostrando-se interessado no produto, mas diz estar num país estrangeiro. Está de tal forma interessado que está disposto a pagar, inclusive, o transporte do produto até sua casa. Irá mandar uma transportadora a casa da vítima para buscar o objeto. O cibercriminoso só tem uma exigência, terá que pagar por Paypal porque ele tem dinheiro em tal serviço online e quer gastá-lo.

Se a vítima aceitar o cibercriminoso explica-lhe que sendo uma transação internacional, possivelmente vai-lhe ser pedido o pagamento de despesas de exportação, no montante de 10% do valor da venda. Por isso, vai-lhe enviar por Paypal o valor acordado pelo objeto, acrescido dos 10% para o pagamento dessas despesas de exportação. A vítima aceita e passados alguns minutos recebe um email supostamente proveniente da Paypal dizendo que têm o pagamento para creditar na sua conta Paypal. No suposto email da Paypal, informam que o processamento do pagamento está dependente da apresentação do recibo de pagamento das despesas de exportação, indicando uma conta bancária para o fazer.

A vítima acaba por pagar o que lhe é pedido e nunca recebe o dinheiro na sua conta Paypal. Aquela mensagem que recebeu da Paypal era falsa. Foi criada pelo cibercriminoso para dar credibilidade ao seu esquema. Aquela mensagem fez a vítima acreditar que estava prestes a receber o dinheiro, fazendo com que pagasse o dinheiro que lhe foi pedido.

Mais uma vez, a mesma precaução teria funcionado. Não pague nada sem receber o produto, neste caso sem receber o dinheiro. Se está a vender não tem que pagar. Se está a vender um produto, você tem que receber dinheiro pela venda do seu produto.

Se agora lhe for proposto este esquema, também já o consegue identificar e proteger-se.

Também deste último esquema existem variações. Nesta variação que lhe vamos apresentar teria que ser a vítima a responsável pelo envio do produto. A mensagem falsa da Paypal iria dizer que o pagamento estava pendente e que seria desbloqueado mediante um comprovativo do envio do produto. Pensando estar em vias de receber o dinheiro, a vítima iria enviar o produto, vindo a perceber mais tarde que aquela mensagem da Paypal era falsa. Ficou assim sem o produto e não recebeu o dinheiro.

Outro dos esquemas muito em voga na internet, nomeadamente nas redes sociais, é o anúncio de empréstimos pessoais. Nestes esquemas dos empréstimos online os cibercriminosos apenas pretendem receber dinheiro das vítimas. Tipicamente, depois de pedirem alguns documentos às vítimas, os cibercriminosos dizem que o pedido de crédito foi aprovado estando a transferência do dinheiro apenas dependente do pagamento das despesas inerentes à abertura do processo, ao pagamento de seguros, ou a qualquer outra despesa que inventem. Pedem por isso o pagamento dessas despesas às vítimas. O recebimento desse dinheiro das vítimas é o seu único propósito.

Tenha consciência que ninguém empresta dinheiro através da internet.

Pense nisto: se alguém lhe emprestar dinheiro através da internet como é que consegue ter garantias que você lhe vai pagar as prestações desse crédito? Mesmo com uma análise financeira dos devedores e com documentação por eles assinada, os próprios bancos têm muitas vezes dificuldades em cobrar as prestações dos créditos. Que pessoa ou empresa iria arriscar emprestar dinheiro a alguém, correndo o risco de não o receber de volta por não conhecer devidamente o devedor, ou por não ter qualquer garantia de pagamento?

Por outro lado, se se tratasse de uma empresa legítima de concessão de créditos, essa empresa estaria interessada em fazer-lhe um crédito e cobrar juros por isso, certo? Se assim fosse, teria todo o interesse em incluir o valor dessas despesas no dinheiro que lhe iria emprestar aumentando assim o valor do crédito. Dessa forma poderia cobrar também juros do montante dessas despesas aumentando os seus lucros.

Há esquemas destes feitos internacionalmente, em que o cibercriminoso diz ser representante de um banco de outro país que não o da vítima. Esse pormenor permite-lhes depois pedir o envio do dinheiro por western union, moneygram ou outros sistemas de envio internacional de dinheiro, para um país distinto do da vítima o que acaba por inviabilizar qualquer recuperação do dinheiro. Estes cibercriminosos chegam a enviar *contratos* dos supostos créditos às vítimas. Para lhes dar um ar legítimo, usam os logotipos e algumas assinaturas de pessoas em cargos de administração dos bancos. O texto desses *contratos* trata-se habitualmente de um texto genérico de um contrato de crédito igual a tantos outros disponíveis na internet. Tudo isso tem o único propósito de levar a vítima a acreditar na mentira que criaram e enviar-lhes o dinheiro das supostas despesas iniciais do processo.

As vítimas deste tipo de esquemas acabam por ir pagando aos cibercriminosos essas despesas inventadas, até perceberem que tudo não passa de um esquema para lhes tirar dinheiro. Quando deixam de pagar, deixam de conseguir contactar com os cibercriminosos.

Para evitar este tipo de esquemas, basta ter presente uma verdade absoluta: não há empréstimos concedidos através das redes sociais. Qualquer empresa que faça créditos tem que estar registada no sistema bancário. Para o fazer tem que cumprir com as leis bancárias do seu país. Isso dá garantias às duas partes. Dá ferramentas ao credor para poder reclamar o dinheiro do empréstimo e dá direitos ao devedor para não lhe ser cobrado mais do que a lei permite.

Ainda neste capítulo dos cibercrimes menos técnicos, apresentamos outro esquema que é também muito usado. Aqui as vítimas são maioritariamente do sexo masculino. Para montar este esquema, o cibercriminoso recolhe fotos da internet de uma rapariga bonita em poses provocantes e cria um perfil falso numa rede social com essas fotos, fazendo-se passar por aquela rapariga. Escreve uma breve apresentação, duas ou três publicações no perfil e está a armadilha montada.

Depois, com esse perfil pede amizade virtual a perfis de

potenciais vítimas, homens comprometidos (casados, em relações de namoro, com filhos, com família, etc.). Se essa informação não for de acesso público nos perfis das vítimas diretamente na secção para esse propósito "Casado com..." ou "Numa relação com...", facilmente se percebe pelas publicações das vítimas quais as suas relações, seja através das fotos com a namorada, das fotos com a esposa ou das fotos com os filhos.

Bom, mas pedem então amizade virtual ao perfil da vítima e depois iniciam uma conversa banal. Começam a encaminhar essa conversa para temas sexuais passando depois para uma vídeo chamada. Nessa vídeo chamada, cada um acaba por se despir e por se masturbar em frente à câmara. Acabam assim por ter o que hoje em dia há quem chame de *sexo virtual*. Quando a vítima se filma, a vídeo chamada é terminada pelo cibercriminoso que, de seguida, exibe a gravação do vídeo da vítima a masturbar-se e exige-lhe dinheiro para não enviar aquele vídeo à sua esposa, à sua namorada, aos seus filhos, ou a todos os seus amigos virtuais nas redes sociais.

Este esquema já era utilizado de forma presencial com gravações de vídeos de relações extra conjugais antes da internet. Agora os criminosos adaptaram-no ao ciberespaço. No ciberespaço o palco da sua atuação é o mundo. Note que agora estes criminosos já não precisam sequer de manter nenhuma relação. Agora tudo é feito online. Em bom rigor o criminoso não precisa sequer de ser uma mulher. Estes criminosos utilizam vídeos pré-gravados de mulheres para fazerem a vídeo chamada com a vítima. Na vídeo chamada, os criminosos inventam uma desculpa qualquer para não poderem falar (têm o microfone avariado, por exemplo) continuando a comunicar apenas por mensagens escritas. Assim a vítima não consegue perceber se está a falar com uma mulher ou com um homem. Além disso, por mensagens escritas o cibercriminoso consegue utilizar serviços de tradução automática, não precisando por isso sequer de falar a mesma língua da vítima.

Sobre formas de se proteger deste esquema criminoso não há muito a dizer além do que já se sabe.

Em primeiro lugar tenha muito cuidado com o que publica nas suas redes sociais. Publicar informação sobre a sua vida pessoal, nestes casos, é a diferença entre receber o pedido de amizade da tal *mulher bonita* ou não receber pedido nenhum com essas intenções.

Sim. As redes sociais também servem para alargar as nossas redes de relações. Mas tenha muito cuidado quem aceita como seus amigos virtuais. Muitas vezes temos a informação do nosso perfil apenas visível para os amigos, mas depois aceitamos os pedidos de amizade de toda a gente. A nossa informação acaba assim por ser quase de acesso público. Aceite os pedidos de amizade só de pessoas que conhece ou que, pelo menos, faz ideia de quem possam ser. Nas redes sociais os *amigos dos seus amigos* podem não ser *seus amigos*. Analise o perfil que lhe está a pedir amizade antes de aceitar. É antigo? Tem histórico já de algum tempo? Tem publicações pertinentes? Tem um número de amigos razoável? Ou tem só dez amigos e todos homens? Através das respostas a estas perguntas pode tirar conclusões que lhe fazem perceber que pessoa estará por detrás daquele perfil e quais as suas intenções.

Ah!! E por fim, claro, não filme a sua intimidade, muito menos na internet e com uma pessoa que não sabe quem é.

6. ROMANCE SCAM

O crime de *Esquema do Romance* (do inglês *Romance Scam*), é praticado exclusivamente através da internet sem que o criminoso e a vítima se encontrem pessoalmente. O cibercriminoso não precisa de ter nenhum conhecimento técnico de informática para este esquema. Basta-lhe ter um computador ou um telemóvel e saber usar as redes sociais. Por essas razões, o *Esquema do Romance* está muito disseminado na internet, provocando cada vez mais vítimas. Há já estatísticas mundiais que referem que este tipo de esquemas provocaram já perdas no valor de milhões de Dólares a milhares de vítimas.

Se analisarmos este esquema da forma que aqui o vamos apresentar, pode parecer incrível como é que as vítimas se deixam enganar. No entanto, todos os dias aparecem novas vítimas destes esquemas crminosos.

Tipicamente, as vítimas dos *Esquemas do Romance* são mulheres acima dos cinquenta anos de idade, solteiras, divorciadas ou viúvas e que vivem sozinhas. Ainda assim, também há homens e mulheres mais novas que caem nestes esquemas. Tudo depende das circunstâncias particulares da vida e do estado de espírito de cada uma das vítimas. Não existe um estrato social ou uma classe etária em particular que seja mais susceptível a estes esquemas criminosos. Cada um de nós é uma potencial vítima dos *Esquemas de Romance* se não tomarmos as devidas precauções.

Bem, mas vamos ao esquema em si.

Este esquema também é baseado numa mentira. Para dar credibilidade à sua mentira, o criminoso cria perfis falsos em redes sociais dizendo que é um militar americano deslocado, um médico em missão de ajuda humanitária ou um engenheiro a trabalhar numa plataforma de exploração de petróleo num país estrangeiro... enfim... O perfil que inventam é sempre de alguém com cerca de cinquenta a sessenta anos de idade, com um cargo profissional de nível alto e bem remunerado, que está deslocado da sua terra natal, sozinho no mundo e sem compromissos familiares, ou seja, solteiro, viúvo ou divorciado e sem filhos ou outros familiares. Estes pormenores fazem com que consiga uma maior empatia com as vítimas, pois afinal, estão os dois sozinhos no mundo. Também servirá outro propósito que mais à frente se vai ver.

Através de sites de encontros ou de redes sociais mais comuns, os criminosos conseguem chegar à fala com as vítimas, começando a trocar mensagens escritas. Essas conversas acabam por se desenvolver até chegar a uma relação de grande cumplicidade, quase que autênticas relações de namoro online. Para chegar aos seus objetivos, os criminosos mantêm essas conversas por longos períodos de tempo que podem durar desde algumas semanas até alguns meses.

Durante as conversas o cibercriminoso enfatiza sempre que está deslocado e sozinho no mundo. Também por essa razão, levou consigo todos os seus pertences quando foi trabalhar e viver para o país onde está agora, a poupança da sua vida inteira avaliada em centenas de milhares de dólares (algumas peças em ouro, jóias, dinheiro, ações de empresas ao portador, certificados de seguros de investimento, ou o que conseguir inventar). Colocou todos esses objetos e documentos numa caixa e guardou essa caixa num cofre num banco no país onde está agora.

Com o passar das semanas com conversas diárias, a relação com a vítima acaba por evoluir até ao desejo de parte a parte de se conhecerem pessoalmente.

É nessa fase que o cibercriminoso inventa que o hospital onde está a prestar serviço humanitário, ou a empresa onde está a trabalhar foi, por exemplo, atacada por terroristas. Mostrando-se desesperado, ele diz à vítima que ficou sem saber o que fazer perante aquela situação caótica. Diz-lhe que está com muito medo e que pretende sair daquele país o mais depressa possível. Está criada a situação ideal para finalmente se conhecerem pessoalmente. A vítima não tem a mínima noção de que aquele perfil com quem está a falar é apenas uma personagem criada à sua medida e por isso muitas vezes é ela própria quem propõe que o cibercriminoso venha ao seu encontro.

É nesta fase do enredo que o cibercriminoso aceita voar para o país da vítima para se encontrarem pessoalmente. No entanto, existe um problema, a caixa com todas as suas poupanças no cofre do banco. Pergunta à vítima se pode enviar aquela caixa para casa dela, pois não tem mais ninguém em quem confiar e, afinal, dentro em breve vão estar juntos em casa da vítima. A vítima aceita. O cibercriminoso pode mandar a caixa avaliada em centenas de milhares de dólares para sua casa.

É agora que vai começar a extorsão de dinheiro - o propósito de toda esta relação de semanas ou meses.

Depois então do cibercriminoso dizer que despachou a caixa, a vítima é contactada por um gabinete de advogados em representação de uma transportadora do país onde está o cibercriminoso. Referem que a transportadora tem aquela encomenda avaliada em centenas de milhares de dólares para lhe enviar, mas, pela legislação local, a saída de capitais do país implica o pagamento de algumas taxas e outras despesas. Segundo a legislação do país, essas despesas são da responsabilidade do destinatário dos capitais.

A vítima contacta então com o cibercriminoso, questionando-o sobre o pagamento daquelas despesas. Ele diz-lhe que colocou todos os seus valores na caixa ficando por isso sem liquidez para custear aquelas despesas. Em nome da relação que têm, pede-lhe que lhe adiante esse dinheiro.

Além da relação de cumplicidade e às vezes quase de amor que tem com o cibercriminoso, a vítima acha-se salvaguardada pois a caixa que vai receber em sua casa vale afinal muito mais do que o dinheiro que está agora a adiantar. Acaba assim por aceder ao pedido do seu suposto *namorado* enviando o dinheiro (tipicamente por western union, moneygram, ou outro sistema internacional de envio de dinheiro) para o tal escritório de advogados.

Depois deste, vão sendo solicitados outros pagamentos inventados pelo cibercriminoso. Desde seguros obrigatórios devido ao valor da encomenda a impostos sobre o capital e mais despesas de exportação de capitais pelos países por onde a encomenda vai passando, a imaginação é o limite. Logicamente, a aparente obrigatoriedade e legalidade de todos estes pagamentos é sustentada em sites de escritórios de advogados falsos e em documentos emitidos pelos vários países referentes às despesas e recibos dos pagamentos efetuados. Toda essa documentação é criada pelo cibercriminoso e remetida à vítima por email a partir dos endereços de email aparentemente de advogados para lhe dar ainda mais credibilidade. Durante todo este processo a vítima não percebe que está a falar sempre com várias personagens criadas pelo mesmo cibercriminoso e vai fazendo os pagamentos. Há relatos de vítimas a contraírem empréstimos para obviar ao pagamento destas despesas, tudo em nome do *amor* que acabam por sentir pela personagem criada pelo cibercriminoso. Se algumas vítimas pagam *apenas* algumas centenas de dólares, outras há que chegam a pagar alguns milhares, tudo depende apenas e só da capacidade financeira (e de endividamento) de cada uma das vítimas.

Quando a vítima percebe que foi enganada, ou quando deixa de fazer os pagamentos por já não ter mais dinheiro, o cibercriminoso deixa de responder às suas mensagens e apaga o perfil que criou para este esquema.

Neste tipo de crimes, além do prejuízo financeiro, o cibercriminoso deixa a vítima com uma sensação de ter sido enganada e traída sentimentalmente. Muitas vezes a vítima chega a apaixonar-se realmente pela personagem criada pelo cibercriminoso. De tal forma que nunca chega a aceitar que aquela pessoa com quem manteve a relação e que a enganou é apenas uma personagem criada pelo cibercriminoso à sua medida e não uma pessoa real.

Assim descontextualizado pode parecer estranho. Mas muitas vezes é relativamente fácil os cibercriminosos fazerem crescer as relações com as vítimas. Note-se que as vítimas passam habitualmente os seus dias sozinhas. Todos sabemos o que isso pode representar em termos de solidão na vida de uma pessoa. Ora, de um momento para o outro, essa vida solitária da vítima é preenchida por alguém que a compreende. De um momento para o outro a vítima deixa de estar sozinha e passa a ter alguém com quem conversar todos os dias, várias vezes ao dia. Alguém que a compreende. Alguém com quem pode desabafar os seus problemas. O mais normal é que mais cedo ou mais tarde, acabe por existir cumplicidade de parte a parte. A vítima acaba por ter com essa pessoa uma relação de amizade. Essa amizade facilmente cresce para uma relação de namoro, mesmo à distância, porque em certas fases mais avançadas da vida, uma relação é mais sobre companhia e cumplicidade do que uma relação física. E essa companhia e cumplicidade, as vítimas têm-no com aqueles cibercriminosos.

Note-se que existem já guiões à venda na internet para conseguir este tipo de relacionamentos com estes propósitos criminosos. Esses guiões explicam que tipo de personagem se deve construir, quais assuntos se devem abordar nas conversas com a vítima, que tipo de linguagem se deve utilizar, que tipo de reações se deve demonstrar perante certas mensagens das vítimas, de que forma se devem aprofundar laços com as vítimas, entre outros pormenores de como se deve atuar. Se um criminoso não conseguir criar essa personagem por si, basta-lhe adquirir um desses guiões e segui-lo como se fosse uma receita.

Vistas assim as coisas de forma descontextualizada, toda a gente se sentirá tentada a dizer que nunca iria cair num esquema destes. Realmente, se conhecermos como se desenrola este esquema criminoso existem muitas probabilidades de o identificarmos logo à partida e nunca enviar dinheiro, nem deixar sequer o enredo chegar a essa fase. Contudo temos que ver que as vítimas destes esquemas são pessoas que passam os dias sozinhas conforme já referimos. Depois de alguns anos de solidão, de repente as vítimas têm alguém que lhes dá tudo o que necessitam; companhia, compreensão, carinho, cumplicidade... Postas assim as coisas, é muito fácil perceber como é que os cibercriminosos conseguem criar e fazer crescer estas relações com as vítimas.

Existem inúmeras variações a este *Esquema do Romance*. Existem outras versões em que o cibercriminoso se limita a pedir dinheiro emprestado às vítimas. Esse empréstimo pode ser para o pagamento de tratamentos hospitalares, ou porque foi assaltado e ficou sem documentos e sem dinheiro, ou para custear a passagem de avião para finalmente se encontrarem pessoalmente... enfim. Mais uma vez a imaginação é o limite mas o propósito continua sempre o mesmo. O cibercriminoso apenas pretende que a vítima lhe envie dinheiro.

Agora que conhecemos estes *Esquemas do Romance*, as formas que as vítimas têm para se proteger parecem óbvias, certo? Efetivamente, importa ter especial atenção aos perfis com quem comunicamos nas redes sociais, e perceber sobre os seus reais intentos.

Não estamos aqui a dizer que não existam relações sérias que começaram nas redes sociais. Não somos assim tão puristas. Efetivamente, nascem relações amorosas na internet diariamente pelo mundo fora. Mas caso essa sorte lhe bata à porta, deve sempre privilegiar o contacto pessoal. Pessoalmente todos nós somos apenas... quem somos. Pessoalmente é muito difícil criar e manter uma personagem apenas para agradar seja a quem for. Todos nós temos os nossos defeitos. Online conseguimos disfarçá-los todos. Com um propósito e determinação, na internet toda a gente consegue ser quem quiser. Devemos ter sempre muito cuidado com as relações nascidas e mantidas só na internet.

Ah! E por razões óbvias, seja qual for o grau de intimidade ou confiança, nunca envie dinheiro a ninguém que não conheça pessoalmente, por mais lógico ou correto que isso lhe possa pareçer.

Já reparou que se tirarmos a envolvência emocional a este esquema percebe-se logo que ele é enganoso? Por isso, se tiver uma relação com alguém através da internet que lhe levante alguma dúvida, peça a opinião a outra pessoa que ainda não conheça esta sua *relação*. Alguém sem o seu envolvimento emocional vai poder ajudá-la(o) a perceber se essa relação é verdadeira ou se está a ser vítima de um crime ou não. Mesmo que não tenha dúvidas na relação, peça sempre uma opinião a alguém antes de enviar dinheiro. Dessa forma vai poder proteger-se.

7. MONEY MULES

Nesta altura o leitor deve já estar a pensar: sim, os cibercriminosos conseguem enganar as vítimas e fazem com que lhe enviem dinheiro. Então mas esperem lá! Se a vítima se queixar à polícia, basta-lhes ir ter com quem recebeu o dinheiro. Quem recebeu o dinheiro é o cibercriminoso, certo?

Teoricamente deveria ser assim. Seria de esperar que o cibercriminoso recebesse o dinheiro. Bem... na realidade ele vai receber o dinheiro que tirou à vítima, só que não o vai receber diretamente da vítima.

O cibercriminoso sabe perfeitamente que as autoridades vão seguir o rasto do dinheiro. Ele sabe que se receber o dinheiro diretamente da vítima vai ser facilmente identificado. Ele tem que encontrar uma forma de fazer chegar o dinheiro da vítima até si, sem que as autoridades o consigam identificar. Para isso recorre a alguém que faça o papel de *money mule*.

O cibercriminoso tem que encontrar uma pessoa que receba o dinheiro diretamente da vítima e que lho envie a si, alguém que, em sentido figurado, *carregue o dinheiro* da vítima até si. É daí que nasce o termo inglês *money mule, mula do dinheiro* em português. A *mula do dinheiro* é a pessoa que recebe o dinheiro diretamente da vítima, ficando algumas vezes com uma pequena parte e envia o restante para o cibercriminoso.

A pessoa que desempenha o papel de *mula do dinheiro* muitas vezes não tem sequer noção de que está a participar num esquema criminoso. Por isso acaba por receber dinheiro das vítimas e encaminhá-lo para o cibercriminoso várias vezes e sempre de forma descontraída. No entanto, o facto de não ter noção que está a participar num esquema criminoso, não lhe tira a responsabilidade criminal. Não há dúvida que a *mula do dinheiro* tem uma participação ativa no processo de *lavagem do dinheiro* que o cibercriminoso tira às vítimas.

Neste momento várias perguntas devem surgir na cabeça do leitor. Mas como é que estas *mulas de dinheiro* são angariadas? Como é que enviam o dinheiro para os cibercriminosos sem ter noção que estão a participar num crime? Como é que o cibercriminoso consegue que estas pessoas trabalhem para si sem ter noção de que estão a participar num esquema criminoso?

Para angariar as *mulas do dinheiro*, os cibercriminosos colocam anúncios de emprego num site de anúncios gratuitos. Descrevem a posição a ocupar com títulos do género de consultor financeiro, ou gestor de clientes, gestor de produto, operacional de integração de produto, posição de representante nacional, ou com qualquer outro nome sonante. A imaginação é mais uma vez o limite. Oferecem ordenados acima da média e dizem que não são necessários conhecimentos específicos para o desempenho das funções. Anunciam que no emprego em questão os colaboradores que vierem a ser selecionados não terão horário fixo, abusando do termo *isenção de horário*. Dizem ainda que todas as tarefas da função irão ser realizadas online, pelo que, o candidato também não necessita de ter nenhumas instalações especiais ou de se deslocar, pode até trabalhar a partir de casa.

O candidato envia um email ao suposto empregador mostrando-se interessado e recebe de resposta um email de aceitação da candidatura. Nesse email de resposta os cibercriminosos dizem ser uma empresa multinacional com sede num país com situação económica acima da média (Estados Unidos da América, Canadá, Suécia, Dinamarca, ou qualquer outro). Referem que a empresa pretende entrar comercialmente no país do candidato, necessitando por isso localmente de um gestor de cliente, um gestor de produto, um representante nacional, ou qualquer outro nome genérico dentro desse género. Descrevem vagamente as funções a desempenhar utilizando termos como, por exemplo, *follow up* de encomendas, acompanhamento de campanhas de *marketing*, implementação de produtos, apoio a parceiros de negócio, apoio a clientes, pós venda, assistência em pagamentos. Para dar alguma credibilidade a todo este enredo, exigem que o candidato saiba utilizar o email e um qualquer programa informático de processamento de texto - quem não sabe hoje em dia?

É geralmente também nesta fase que os cibercriminosos informam que a suposta empresa irá pagar um ordenado fixo mensal, acrescido de comissões por desempenho. Os valores do ordenado e das comissões propostas são sempre acima da média. O candidato mostra-se, claro, agradado com aqueles valores e não desconfia, pois, afinal, a empresa é uma multinacional de um país com uma boa condição económica. São ordenados ao nível de tais países. Entre outros pormenores, os cibercriminosos reiteram que todas as tarefas do emprego irão ser realizadas online. Para muitas pessoas, este é o emprego de sonho. Um bom ordenado, sem horário fixo, trabalhar apenas pela internet e sem a presença física de um chefe. Saíu-lhes a sorte grande.

Depois de o candidato aceitar as condições, os cibercriminosos pedem-lhe cópia dos seus documentos de identificação, o número das suas contas bancárias, informação sobre o seu agregado familiar, documentos que comprovem a sua morada, enfim, o normal numa contratação para um emprego.

Para dar credibilidade a toda esta angariação, os cibercriminosos enviam um contrato de trabalho por email que o candidato deverá imprimir, assinar, digitalizar e devolver-lhes essa digitalização do contrato já assinado. Esses contratos são contratos de trabalho genéricos, cujo texto facilmente se encontra disponível na internet. Existem relatos de alguns destes candidatos que chegam a questionar escritórios de advogados acerca desses contratos os quais se limitam a dizer-lhes que aquele documento se trata de um contrato de trabalho normal. Sem se aperceberem, com essas respostas estes advogados acabam por dar ainda mais credibilidade a toda esta angariação. Acresce ainda que para dar alguma plausibilidade a toda a história, os cibercriminosos criam um site da suposta empresa empregadora. É lógico que a empresa não existe.

A partir desse dia e depois de vários emails, mensagens e chamadas, tipicamente através das redes sociais, o candidato é oficialmente admitido como empregado. Dizem-lhe que deve aguardar que lhe sejam dadas tarefas para realizar.

Um ou dois dias depois, o candidato, agora já empregado, recebe então a sua primeira missão naquele novo emprego. Alguém lhe liga da empresa e lhe diz que recebeu na sua conta bancária uma certa quantia proveniente de um cliente da empresa. Deve dirigir-se ao seu banco, levantar esse dinheiro e remetê-lo por Western Union para um fornecedor da empresa noutro país, indicando-lhe os detalhes do país, da cidade e primeiro e último nome da pessoa para quem deve enviar o dinheiro. Justificam que o pagamento do cliente foi feito para a sua conta por questões fiscais e de celeridade das transferências, adiantando também, caso lhes seja perguntado, que o envio de dinheiro por Western Union é a forma mais célere do fornecedor da empresa receber aquele pagamento. Instruem-no também de que deve ficar (por exemplo) com três por cento daquela quantia enviando o resto, sendo essa a sua comissão.

Caso o leitor não conheça, a Western Union trata-se de uma

empresa multinacional e legítima de transferências de dinheiro. Além da Western Union (que arriscamos dizer que será a mais conhecida mundialmente), existem muitas outras empresas. A Moneygram e a Transferwise são outros exemplos também conhecidos. Todos esses serviços prestados por tais empresas são muito utilizados, por exemplo, por imigrantes para enviar legitimamente dinheiro para os seus familiares na sua terra natal. Na prática estas empresas têm representantes em quase todos os países do mundo, possibilitando o envio de dinheiro de um país para outro em minutos. Como funciona? Para alguém enviar dinheiro basta visitar um representante da empresa no local onde está, entregar ali o dinheiro em numerário e dizer para onde no mundo e para quem é que o quer enviar. Aquele representante recebe o dinheiro, e em minutos o destinatário pode levantá-lo no país de destino.

Ora, a *mula de dinheiro*, pensando então estar a trabalhar no seu novo emprego, cumpre o que lhe foi determinado. Dirige-se assim ao seu banco, levanta o dinheiro que lhe entrou na conta, retira a sua comissão de três por cento e envia o restante para a pessoa, cidade e país que lhe foi ordenado pela sua empresa. Acabou de desempenhar a sua primeira tarefa no seu novo emprego. Tudo correu bem e o seu chefe está contente, o que faz de si um bom funcionário. Além disso, ainda recebeu a sua primeira comissão.

Todo este processo vai-se repetindo dia após dia até a conta bancária da *mula de dinheiro* ser bloqueada, ou até ela própria ser abordada pelas autoridades que a questionam sobre o facto de estar a participar num esquema internacional de lavagem de dinheiro.

Nesta fase o leitor já se deve ter apercebido de todo o esquema, certo? Primeiro, o cibercriminoso engana alguém através de um dos esquemas explicados neste livro ou de qualquer outro. Diz a essa vítima para enviar o dinheiro para a conta bancária desta *mula de dinheiro* e dá instruções a esta *mula* para lhe enviar esse dinheiro a si, para outro país do mundo. Dessa forma, num esquema como este, o cibercriminoso consegue que o dinheiro circule por pelo menos três países praticamente no mesmo dia. Se neste processo introduzir ainda outra *mula* noutro país, o dinheiro circula por mais um país, dificultando ainda mais a sua localização. Cada uma destas *mulas de dinheiro* fica apenas a saber o primeiro e último nome da pessoa para quem enviou o dinheiro e nunca consegue identificar quem supostamente o contratou para o emprego, pois tudo foi feito por email e por telefone. Além disso, mesmo que a *mula de dinheiro* quisesse repor a situação das vítimas e devolver-lhes o dinheiro quando percebe que está a participar num esquema de *lavagem de dinheiro*, a *mula* já não o consegue fazer porque já não tem aquele dinheiro, pois já o enviou todo para o cibercriminoso.

É certo que estas *mulas de dinheiro* podem não ter noção que cometeram um crime. No entanto, legalmente, a sua atuação é tão criminosa quanto a do cibercriminoso que enganou a vítima inicialmente. Sem a intervenção das *mulas de dinheiro* em todo o processo, o cibercriminoso não teria conseguido tirar o dinheiro da vítima.

Para agravar todo este problema das *mulas de dinheiro*, alguns bancos têm parcerias com as empresas que prestam os serviços de envio de dinheiro e nesses casos, o dinheiro é enviado diretamente da conta bancária da *mula de dinheiro* sem passar efetivamente pelas suas mãos. Ainda que fique registado muitas vezes no extrato bancário que o dinheiro foi levantado e depois enviado para o estrangeiro, na prática, o cliente não chega a ter o dinheiro nas suas mãos. Isso contribui também para que a *mula de dinheiro* não tenha noção de quanto dinheiro lhe passou pela conta bancária nas várias transferências que foi fazendo ao longo do tempo em que esteve a "trabalhar para aquela empresa", pois nunca teve maços de notas nas mãos.

Por vezes, a certa altura, a *mula* pode perceber que está a ser utilizada nestes esquemas de lavagem de dinheiro e deixar de enviar o dinheiro aos cibercriminosos. É nessa altura que os cibercriminosos tiram partido da informação que lhe tinham pedido quando celebraram o contrato de trabalho inicial (morada, documentos de identificação, agregado familiar, etc). Se a *mula* se recusar a enviar-lhes o dinheiro, os cibercriminosos usam essa informação para lhe fazer ameaças. Afinal eles sabem o nome dos filhos da *mula*, a sua morada, os contactos, redes sociais e usam todos esses elementos para lhe causar medo.

Como pôde ver, estes esquemas de angariação de *mulas de dinheiro* exigem alguma organização e trabalho por parte dos criminosos. Por isso, existem já organizações dentro do cibercrime que se dedicam apenas à angariação e gestão de *mulas de dinheiro,* vendendo depois a sua utilização a outros cibercriminosos, mediante o pagamento de uma comissão. O cibercrime está já num ponto em que as várias organizações se especializaram e vendem agora os seus serviços umas às outras.

Agora que o leitor já sabe como funciona a angariação de *mulas de dinheiro*, é fácil perceber os problemas em que se pode meter se se deixar levar por uma destas propostas de emprego, que são afinal esquemas criminosos.

Desconfie de empregos demasiadamente bons. Nenhuma empresa contrata ninguém por email e por whatsapp. Hoje em dia, ninguém é contratado sem, pelo menos, uma entrevista formal nem que seja por video-chamada. Saiba que qualquer empresa tem que ter os originais dos contratos de trabalho dos seus funcionários. Por isso, o normal nas situações de contratação à distância é que a empresa peça ao novo contratado o envio do original do contrato assinado por correio para a morada da empresa. No caso da angariação de *mulas de dinheiro*, tipicamente, isso não acontece porque os cibercriminosos não têm uma morada para receber tais contratos.

Para se proteger de vir a ser enrolado num esquema de lavagem de dinheiro como o aqui explicado, antes de aceitar o emprego autoavalie-se e questione-se a si próprio se tem realmente qualificações profissionais suficientes para receber um ordenado assim tão alto. Pergunte-se onde é que vai pagar os impostos devidos por esse suposto ordenado chorudo. Questione também a suposta entidade empregadora sobre todas essas questões e sobre a legislação que se lhe vai aplicar a esse nível. Certamente que se lhes colocar este tipo de questões, afinal legítimas para si enquanto empregado, os cibercriminosos deixarão de estar interessados nos seus serviços, pois está a demonstrar preocupação e interesse com a legalidade, o que o desqualifica para os intentos deles.

Já viu como estes esquemas de angariação de *mulas de dinheiro* acontecem. Mais uma vez, como tudo no cibercrime, podem ocorrer variações ao esquema que apresentámos. No entanto, seja qual for a variação, o interesse destes cibercriminosos é sempre o mesmo - utilizar a sua conta bancária como conta *trampolim* para encaminharem o dinheiro até chegar a eles próprios. Por isso, se lhe creditarem dinheiro na sua conta bancária e depois lhe pedirem para o transferir ou enviar para outra conta ou para outra pessoa, não o faça. Se o dinheiro não lhe for devido, dê imediatamente instruções ao seu banco para devolver aquela transferência para a conta de origem. Com toda a certeza, essa transferência teve origem criminosa. Ao devolver a transferência evita participar num esquema de lavagem de dinheiro e repõe o dinheiro na conta da vítima inicial.

VÍTIMAS: AS EMPRESAS

Todos os esquemas explicados até agora visavam maioritariamente pessoas individuais. Exceção feita aos esquemas dos cartões ou do phishing bancário que podem visar empresas dependendo da titularidade das contas e dos cartões. No entanto, quando os cibercriminosos montam esses esquemas não estão a pensar em direcioná-los a empresas. Visam alcançar pessoas particulares e o seu dinheiro.

No entanto, é sabido que uma empresa, seja ela qual for, tem geralmente muito mais dinheiro (ou disponibilidade dele) do que qualquer pessoa individual. As empresas são por isso um alvo mais apetecível aos cibercriminosos.

Os esquemas criminosos que visam as empresas tendem a ser mais tecnológicos, exigindo maiores conhecimentos técnicos. Por tal motivo, são normalmente mais difíceis de concretizar. Contudo, quando os cibercriminosos conseguem pô-los em marcha, estes esquemas tendem a provocar prejuízos muito maiores. Os ataques que visam empresas passam muitas vezes por acessos remotos aos seus sistemas informáticos, o que por si só, depende já de um outro nível de competências ao nível da informática.

Estes esquemas que visam as empresas dependem sempre de várias vertentes. Entramos aqui num outro nível de cibercriminosos. Estes esquemas muitas vezes necessitam de competências de programação informática e por vezes de competências também no que toca à comunicação interpessoal, denominada no meio como *"engenharia social"*. Por isso é muito normal haver aqui a conjugação de esforços de vários cibercriminosos, cada um com as suas competências, resultando em esquemas criminosos mais elaborados e com maior probabilidade de sucesso, isto depois de algumas premissas serem ultrapassadas. Essas premissas dependem muitas vezes da segurança dos sistemas informáticos e também das rotinas de trabalho implementadas nas empresas visadas pelos criminosos.

Por isso, mais do que nunca, atualmente é de maior relevância que os sistemas informáticos das empresas sejam programados com vista à produção, mas sempre sem esquecer o enfoque na segurança dos dados. É na procura deste equilíbrio que muitas vezes acontecem os problemas.

O propósito de qualquer empresa é efetivamente o lucro. Como seria de esperar, os empresários tendem a estar focados nesse propósito maior, garantindo a criação de lucro e, assim, a viabilidade económica da empresa. A questão aqui é que a segurança informática acaba por consumir uma parte desse lucro. A segurança informática é um tema muito técnico e por isso, são poucos os empresários que a valorizam até porque não a entendem. Muitas vezes não chegam sequer a perceber os riscos que a sua empresa corre se não tiver uma rede informática segura.

A segurança informática numa empresa é comparável a um sistema de alarme numa casa. A casa que sempre teve alarme nunca foi assaltada, por isso os seus donos são levados a pensar que o alarme não é preciso. Acabam por tirar o alarme e na semana seguinte a casa é roubada. Os donos da casa atribuem esse roubo ao azar; "vejam bem, quando tínhamos alarme os ladrões nunca vieram cá a casa, quando o tirámos é que fomos assaltados, é preciso ter azar". Muitas vezes os donos da casa não percebem que nunca foram assaltados porque os ladrões viam que a casa tinha alarme. Quando deixou de ter alarme a casa ficou vulnerável e os ladrões já a puderam roubar.

Tende a acontecer o mesmo com a segurança informática nas

empresas. Os empresários, expectavelmente focados no lucro, percebem que ao longo dos anos nunca tiveram nenhum problema com os dados informáticos da empresa, ou com a segurança dos computadores ou das redes informáticas da empresa. Quando por qualquer razão a situação económica da empresa se deteriora e é preciso diminuir custos, o raciocínio que fazem é o mesmo dos donos da casa: *sempre tivemos alarme e nunca fomos assaltados.* Tipicamente é por isso que acabam por retirar recursos à segurança informática. É nessa altura que passam a estar mais vulneráveis, e é sempre nestas alturas que o *azar* lhes bate à porta. Agora já podemos perceber porquê. É que todas as empresas hoje em dia são alvo de tentativas de ataques informáticos quase que diariamente. Quando as empresas deixam de ter defesas / seguranças é quando os atacantes conseguem entrar nos seus sistemas informáticos.

Bem, mas a informática não é tudo.

As empresas e todos os seus processos produtivos são compostos de rotinas. Cada funcionário tem as suas obrigações e competências. Para cumprir as suas funções, cada funcionário realiza as suas ações que visam geralmente a melhoria e o aumento da produção no negócio da empresa, tendo por objectivo, claro está, a maximização do lucro.

Mas as rotinas e ações de cada funcionário da empresa cumprem também funções de controle. A forma de atender um telefonema, de como aceitar uma encomenda ou um cliente novo, ou a forma de como programar um método de pagamento, são tudo ações que levam à concretização de negócios. Mas cada uma dessas acções pode também funcionar como mecanismo de controle e de prevenção de fraudes na empresa. Basta que tenha sido implementada também com esse objetivo.

As empresas devem utilizar também estas ferramentas para se

precaverem de vir a ser vítimas de uma qualquer fraude, seja através da Internet ou não.

Vamos de seguida apresentar os três esquemas mais comuns que visam as empresas e o seu dinheiro e que mais prejuízos têm causado. São eles os ataques de *ransomware*, os esquemas de *man in the middle* e a utilização de empresas falsas. Esperamos assim contribuir para que, caso o leitor tome contacto com um desses esquemas na sua empresa, consiga reconhecê-los desde logo, protegendo a empresa e o seu património.

8. MAN IN THE MIDDLE

Man in the middle (em português *homem no meio*) é um ataque em que o cibercriminoso se coloca no meio de uma comunicação. Este nome foi criado originalmente para um ataque muito mais técnico em que os cibercriminosos conseguem intrometer-se nas comunicações entre um computador e um site, conseguindo perceber a informação que está a ser trocada de parte a parte. Nesse *man in the middle* mais técnico, os cibercriminosos conseguem aceder ao conteúdo das comunicações em si e às credenciais técnicas de acesso, como sejam *cookies, web session tokens*, ou outros. Apropriam-se dessas credenciais técnicas e conseguem aceder aos sites fazendo-se passar pelas vítimas.

No esquema de *man in the middle* que aqui vamos abordar, o ataque tem uma origem técnica e uma concretização posterior, já muito menos técnica mas muito eficaz na ótica do cibercriminoso.

Mas vamos ao esquema de *man in the middle* em si e à forma como é concretizado. O cibercriminoso consegue aceder a um endereço de email de uma empresa através de técnicas de *hacking* e a partir daí começa a monitorizar todas as comunicações mantidas através desse email, tomando conhecimento de todas as mensagens trocadas através desse endereço de email, acabando por tirar proveito financeiro disso numa fase mais adiantada.

Para se perceber melhor apresentamos uma situação em concreto, hipotética, claro.

Imaginemos que a empresa "EmpresaExemplo" tem um site com o domínio empresaexemplo.com onde publicitam a empresa e anunciam os seus produtos e serviços. Na mesma página publicam também os seguinte contatos de email organizados por assuntos:

- Contactos gerais: geral@empresaexemplo.com;
- Vendas: funcionario1@empresaexemplo.com;
- Celebração de contratos: funcionario2@empresaexemplo.com;
- Fornecedores: funcionario3@empresaexemplo.com;
- Clientes: funcionario4@empresaexemplo.com; e
- Pós venda: funcionario5@empresaexemplo.com.

Através de uma qualquer técnica de *hacking*, o cibercriminoso consegue aceder ao servidor de email da EmpresaExemplo e programa o endereço de email funcionario3@empresaexemplo.com (funcionário que trata com fornecedores) de forma a que se sincronize com um outro email externo à empresa que o cibercriminoso controle.

A partir desse email externo, o cibercriminoso analisa todas as mensagens ali guardadas. Encontra mensagens trocadas entre esse email funcionario3@empresaexemplo.com e o fornecedor estrangeiro ProductSuppliers através do email employer1@productsuppliers.com. O cibercriminoso percebe que nessa troca de emails estão a negociar o fornecimento de uma certa mercadoria. Analisa toda a conversa e vê que o negócio que estão a ultimar diz respeito ao fornecimento de mercadoria no montante de doze mil Dólares.

Esta é a conversa ideal. O cibercriminoso cria dois domínios de internet parecidos à empresa aqui vítima e à empresa fornecedora. Cria por exemplo os domínios de internet empesaexemplo.com (caso não tenha notado falta um "r" na palavra empresa) e produtsuppliers.com (product sem o "c") criando em cada um deles a mimetização dos endereços de email dos respectivos funcionários, funcionario3@empesaexemplo.com   e employer1@produtsuppliers.com.

Pega então na última mensagem da conversa enviada da EmpresaExemplo para o fornecedor, e envia-a novamente para o fornecedor a partir do novo endereço - funcionario3@empesaexemplo.com, acrescentando-lhe um qualquer pormenor irrelevante. O fornecedor perceciona essa mensagem como sendo realmente proveniente do seu cliente EmpresaExemplo. Afinal, além do endereço de email lhe parecer o mesmo, toda aquela conversa faz sentido. Passados alguns dias o fornecedor responde àquela mensagem (carregando no botão *Responder*), e sem perceber, vai estar a responder ao cibercriminoso para o endereço empesaexemplo.com. O cibercriminoso recebe então essa mensagem do fornecedor, vai encaminhá-la para o email controlado por si employer1@produtsuppliers.com e desse email vai encaminhá-lo para o email verdadeiro da EmpresaExemplo.

A partir desse momento, quando o Funcionário3 da EmpresaExemplo responder a essa mensagem vai estar a falar com o cibercriminoso que vai fazer outra vez o mesmo, mas no sentido inverso, encaminhando a mensagem até ao email real do fornecedor. Dessa forma, e daí em diante o cibercriminoso vai estar no *meio das comunicações* e vai controlar todas as mensagens entre a EmpresaExemplo e o seu fornecedor ProductSuppliers.

Para perceber melhor como o cibercriminoso faz estes encaminhamentos cruzados das mensagens, veja estes desenhos esquemáticos do fluxo das mensagens entre os emails legítimos e depois como se processam através dos encaminhamentos montados pelo cibercriminoso.

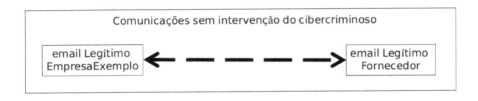

Versus

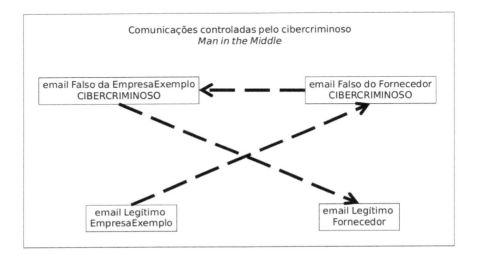

Através destes encaminhamentos cruzados de mensagens, o cibercriminoso vai mantendo todo o controle das mensagens até que o fornecedor ProductSuppliers envia a fatura proforma do negócio ou outro documento onde conste o número da conta bancária para onde a EmpresaExemplo deverá fazer o pagamento.

Nesta fase, quando o cibercriminoso fizer os encaminhamentos dessa mensagem, vai editar esse documento e alterar o número da conta bancária do fornecedor colocando o seu número de conta (em bom rigor vai colocar o número de conta de uma *mula de dinheiro* que controle). Daí em diante tudo continua a decorrer com os normais encaminhamentos feitos pelo cibercriminoso até que a

EmpresaExemplo concretiza a encomenda e faz o pagamento para a conta que lhe foi indicada por email, ou seja a conta da *mula de dinheiro* do cibercriminoso que constava nos documentos que ele alterou.

O fornecedor ProductSuppliers acaba por não fornecer a mercadoria e a EmpresaExemplo questiona-os sobre o não fornecimento. O fornecedor responde-lhes que não forneceu porque ainda está a aguardar o pagamento. É só nessa altura que ambos se vão aperceber do que aconteceu, a EmpresaExemplo enviou o dinheiro para uma conta bancária completamente alheia ao fornecedor. Já é tarde demais porque o dinheiro já foi retirado da *conta mula* e foi encaminhado para destino desconhecido.

Note que este esquema funciona se a EmpresaExemplo for o cliente na transação, mas também funciona se for o fornecedor. Se o cibercriminoso intercetar uma conversa entre a EmpresaExemplo e um seu cliente, ele pode alterar os documentos com os números de conta bancária da EmpresaExemplo, desviando assim o pagamento que lhes era devido pelo cliente.

Para cometerem este tipo de esquema, os cibercriminosos necessitaram apenas de aceder a uma caixa de email. Para os seus propósitos, tanto lhes faz acederem à caixa de email da EmpresaExemplo.com ou do seu fornecedor ProductSuppliers.com. Em bom rigor não necessitam sequer de aceder a nenhuma caixa de email. Basta-lhes aceder a uma mensagem e conseguem intrometer-se nas comunicações usando o esquema que apresentámos. Certo é que no final, fica sempre a dúvida onde ocorreu o acesso ilícito que originou todo este esquema. Em termos práticos isso é irrelevante, pois os cibercriminosos, únicos responsáveis, conseguiram desviar o dinheiro de uma das empresas para contas bancárias controladas por si.

Através deste método, os cibercriminosos têm conseguido aceder a somas astronómicas de dinheiro produzindo vítimas em todo o mundo.

Hoje em dia as empresas negociam entre si por email. Todos os pormenores dos negócios são acertados através desse canal de comunicação. Nos dias de hoje, estão reunidas as condições perfeitas para os cibercriminosos montarem estes esquemas de *man in the middle* e serem bem sucedidos nos seus intentos de se apropriarem do dinheiro das empresas.

Mais uma vez fica o alerta de que existem muitas variações do esquema que apresentámos.

Por vezes, o cibercriminoso apenas consegue ter conhecimento das comunicações e por qualquer motivo, não conseguiu montar os encaminhamentos que lhe permitiria ter o controle total das mensagens trocadas. Nessa ocasiões é normal que os cibercriminosos se apercebam da mensagem com o envio do documento com identificação da conta bancária para o pagamento, não conseguindo evitar a sua entrega no destinatário. Assim, não conseguindo impedir que aquele documento verdadeiro seja entregue no email legítimo, optam por enviar um outro email com o mesmo documento mas com uma *alteração do número de conta*. Dizem que a conta do documento inicial está a ser auditada ou apresentam uma razão qualquer para justificar essa alteração de conta e pedem o pagamento para essa nova conta bancária.

Os cibercriminosos podem também usar outras técnicas para ter acesso às comunicações das vítimas. Por exemplo, podem alterar um email, configurando o campo *"responder a:"* para o seu email. Dessa forma, quando o receptor da mensagem carregar no botão *"Responder"* pensando estar a responder para o remetente inicial, está na realidade a enviar a mensagem de resposta (e uma cópia de toda a conversa) para o endereço do cibercriminoso, dando início ao processo de encaminhamento cruzado de mensagens que já explicámos.

Acontece também que este tipo de esquemas *man in the middle* são praticados por cibercriminosos que não chegam sequer a criar domínios de internet nem as respectivas contas de email associadas. Muitas vezes os cibercriminosos limitam-se a utilizar serviços de email públicos gratuitos.

Por exemplo, para se fazerem passar pelo Funcionário3 da EmpresaExemplo poderiam criar a conta de email funcionario3.empresaexemplo@mail.com. Com este endereço de email associado ao nome Funcionário3, os cibercriminosos facilmente conseguem os seus intentos, fazendo-se passar pelo Funcionário3 da EmpresaExemplo, pois as mensagens que enviam estão enquadradas na conversa já existente.

Há também uma variação ainda menos técnica mas que por vezes os cibercriminosos tentam utilizar. Através de contactos com a empresa vítima conseguem perceber quem faz a gestão contabilística dos fornecedores. Precisam também de descobrir quem são os fornecedores a quem a empresa faz pagamentos recorrentes, como sejam, por exemplo, fornecedores de combustíveis ou de matérias primas. Na posse desta informação, contactam com a empresa por email ou telefone, fazem-se passar por um desses fornecedores e dizem que estão a proceder a modificações na política da empresa, que começaram a trabalhar com outro banco e por isso solicitam a alteração da sua conta bancária para pagamentos futuros. Sem suspeitar do que está a acontecer, o responsável pela gestão desse tipo de informação na empresa vítima acede à ficha do fornecedor em causa no programa de gestão e, pura e simplesmente, altera-lhe o número da conta bancária. Quando chegar o dia de efetuar o pagamento, a empresa vai fazer o pagamento para a conta que estiver na ficha do fornecedor sem questionar aquela informação. Nessa altura ninguém vai confirmar ou duvidar daquele número de conta. Existem relatos de empresas vítimas destes esquemas que chegaram a fazer mais do que um pagamento recorrente para os cibercriminosos sem perceber o que estava a acontecer, pensando estar a pagar para os fornecedores. Ah! Claro! Se for solicitado o envio de um documento da empresa a formalizar esse pedido de alteração do número de conta bancária, nesta fase, já percebeu que os cibercriminosos conseguem facilmente produzir esses documentos e enviá-los às vítimas.

Estes esquemas de *man in the middle* têm sempre como base o engano criado através de mensagens de email. Por tal, as empresas poder-se-iam proteger através da utilização de emails encriptados de parte a parte evitando serem vítimas desses enganos. Contudo, sabemos que a utilização desse tipo de ferramentas acaba por dificultar ou até impossibilitar a comunicação com clientes e fornecedores, nomeadamente na angariação de novos parceiros de negócio. É por isso que embora fosse efetiva na proteção contra este tipo de crimes, a utilização de emails encriptados de parte a parte não é eficaz pois dificulta, ou até impede, o negócio das empresas.

Assim, restam os normais conselhos para este tipo de situações.

Preste muita atenção aos nomes e aos endereços de onde as mensagens de email são provenientes. Geralmente, quando recebemos uma mensagem de email, tendemos a olhar apenas para o nome de onde é proveniente. A maioria dos gestores de email (microsoft outlook, mozilla thunderbird, opera mail, etc) apresenta apenas o nome da proveniência das mensagens. Ora, usando o mesmo exemplo já aqui explorado, se estamos a falar com o "Funcionário 3" com o email funcionario3@empresaexemplo.com e se recebermos uma mensagem dessa pessoa devemos confirmar se é efectivamente dela através do endereço de email e não apenas pelo nome. Se o cibercriminoso criar uma conta de email com um endereço qualquer e nos campos do nome preencher com "Funcionário 3" é esse o nome que lhe vai aparecer quando receber uma mensagem desse endereço fraudulento. Ainda que a mensagem lhe tivesse sido enviada pelo cibercriminoso e não pelo "Funcionário 3" o seu gestor de email pode inclusive agrupar essa conversa no grupo de conversas que manteve com o Funcionário 3 até essa data.

Programe o seu gestor de email para exibir os endereços de email de onde as mensagens foram enviadas e atente também nesses elementos.

Saiba também que os gestores de email tendem a agrupar as mensagens por endereços e não pelos nomes. Assim, se receber uma mensagem de algum seu contacto e se o gestor de email não a agrupar com as restantes mensagens desse mesmo contacto, desconfie e analise bem essa mensagem. Possivelmente será proveniente de outro endereço de email e não do endereço da pessoa com quem tem estado a falar, embora tenha o mesmo nome.

Nos contactos por email deve sempre *desconfiar de tudo e todos*. Entenda que o email não é um meio de comunicação seguro porque, entre outras coisas, não é encriptado. Parta do princípio que quem conseguir interceptar uma mensagem de email vai conseguir ler o seu conteúdo. Por isso, sabendo o que sabe agora, desconfie e confirme por outro canal tudo o que lhe possa trazer algum prejuízo. Seja a alteração de dados bancários, seja até, quando o seu fornecedor lhe enviar os dados bancários para pagamento pela primeira vez e tudo parecer correto. Não corra o risco de pagar para uma conta que não é a do fornecedor e ficar sem o dinheiro e sem a mercadoria. Contacte com o fornecedor por outro canal (fax, telefone, whatsapp, messenger, telegram, o que for) e confirme sempre esses dados bancários. É muito pouco provável que o cibercriminoso tenha conseguido interceptar o seu email e todos esses outros canais de comunicação.

Tome também muita atenção quando clicar no botão *"Responder"* numa mensagem de email. Confirme se essa resposta está mesmo a ser enviada para o remetente inicial como seria suposto ou se para qualquer outro endereço.

Agora que sabe como estes esquemas funcionam, equacione a hipótese de enviar a todos os seus clientes e fornecedores uma mensagem a informar que eventuais alterações de números de conta bancária da sua empresa terão sempre que ser confirmados por telefone. Os cibercriminosos podem tentar desviar pagamentos que os seus clientes tenham que fazer à sua empresa.

Lembre-se que por muita atenção que tenha tido com a segurança da rede informática da sua empresa, nem tudo depende só da sua empresa. Os cibercriminosos apenas têm que ter acesso a uma das pontas da comunicação para colocarem em prática um esquema deste tipo. Se não conseguirem do lado da sua empresa, podem-no já ter conseguido do outro lado. Por isso, além de apostar na segurança informática do seu lado, todos os funcionários da empresa devem também tomar o máximo de atenção a todas as trocas de emails com os vários clientes e fornecedores.

Em suma, perceba que o email não é seguro ainda que seja o meio de comunicação mais usado empresarialmente. As comunicações por email são passíveis de serem interceptadas com alguma facilidade por *piratas informáticos*. Facilmente esses *piratas* têm acesso às mensagens de email da sua empresa. Através do método explicado ou de uma qualquer variação vão tentar apropriar-se do dinheiro da sua empresa.

Na utilização do email desconfie sempre de tudo e de todos e confirme sempre por outro canal de comunicação todas as informações importantes, nomeadamente as relacionadas com pagamentos.

9. RANSOMWARE

Este é sem dúvidas o mais técnico dos esquemas cibercriminosos de que vamos falar aqui. *RANSOM* - em português *resgate* e *WARE* de software. O *software de resgate*.

Para colocarem em prática este tipo de esquema, os cibercriminosos precisam de ter conhecimentos muito avançados ao nível da programação informática. Este esquema é de tal forma técnico e exige de tal forma conhecimentos avançados ao nível da informática que em vez de lhe chamarmos um esquema cibercriminoso, vamos dar-lhe outro nome. Vamos chamar a este modo de atuação de *ciberataque*.

A coisa mais valiosa que uma empresa tem é a sua informação. Pode ser informação necessária à produção de um produto ou informação do projeto de um produto que esteja a ser desenvolvido para produção futura; podem ser dados estatísticos de anos passados que permitem delinear estratégias de negócio para o futuro; podem ser informações sobre fornecedores de produtos específicos ou de uma matéria-prima em particular; pode ser informação sobre catálogos desenvolvidos ao longo dos anos com a experiência da empresa... enfim. A informação é muitas vezes o único trunfo da empresa. É a informação que a empresa tem que faz com que se destaque da concorrência. Em muitos casos, essa informação é a única mais-valia da empresa e sem ela essa empresa não teria sequer espaço no mercado.

Além desse tipo de informação que representa as mais valias de uma empresa, existe também toda a sua informação contabilística e de apoio à gestão. Tal informação vai desde a identificação de fornecedores, identificação de clientes, faturas emitidas a clientes, pagamentos pendentes a fornecedores, encomendas de clientes, toda a situação fiscal da empresa, informação sobre impostos a pagar... Bem. Se tem noção do funcionamento de uma empresa percebe que estes elementos são tão ou mais vitais do que a própria informação comercial. Sem estes elementos a empresa pura e simplesmente não consegue laborar.

Em todas as empresas nos dias de hoje, toda essa informação encontra-se armazenada em ficheiros informáticos em bases de dados nos servidores da sua rede informática. É a esses servidores que cada um dos funcionários acede para desempenhar as suas funções na empresa. A mera emissão de uma fatura a um cliente ou de um pagamento a um fornecedor depende da informação que está armazenada nesses ficheiros e bases de dados.

Os cibercriminosos também sabem do valor dessa informação e o quão vital ela é para o funcionamento das empresas. Também aqui os cibercriminosos quiseram tirar proveito financeiro desse valor nas empresas pela pior maneira. Os cibercriminosos chegaram à conclusão de que se encontrassem uma forma de impedir as empresas de aceder a esses ficheiros, poderiam depois pedir o pagamento de um resgate para lhes devolver o acesso aos ficheiros, ganhando dinheiro com isso.

Em termos informáticos, impossibilitar o acesso aos ficheiros, passaria por apagá-los ou encriptá-los. Mas os cibercriminosos não poderiam limitar-se a apagar os ficheiros. Caso assim fosse não conseguiriam negociar a reposição do acesso ao ficheiros. Restava-lhes por isso a hipótese de encriptar os ficheiros das empresas com uma palavra passe. Assim, poderiam pedir às empresas o pagamento de uma quantia monetária em troca dessa palavra passe para desencriptar os ficheiros. Daqui até à concretização dos factos foi um passo para os cibercriminosos.

Numa primeira fase, há já alguns anos, os cibercriminosos começaram por conseguir aceder remotamente aos servidores das empresas usando técnicas de *hacking* avançadas e encriptavam os seus ficheiros tornando a informação inacessível. Deixavam nos computadores encriptados uma mensagem com um endereço de email para as vítimas os contactarem para desencriptar os ficheiros. Quando as vítimas os contactavam, os cibercriminosos exigiam o pagamento de um resgate de alguns milhares de Dólares em criptomoeda para desencriptar os ficheiros (qualquer criptomoeda é por definição anónima, ou seja, é virtualmente impossível saber quem é o recebedor de uma quantia paga em criptomoeda). Quando as vítimas pagavam o montante exigido, os cibercriminosos voltavam a aceder remotamente aos servidores e desencriptavam, eles próprios, os ficheiros, voltando a empresa a conseguir aceder-lhes.

Este processo era moroso e implicava sempre o trabalho efectivo de um cibercriminoso em cada uma das encriptações. Além disso, os cibercriminosos tinham que gastar tempo e recurso até conseguir aceder remotamente aos servidores das vítimas. Esse método não era, portanto, escalável na ótica dos cibercriminosos e, por isso, imperfeito.

Então os cibercriminosos evoluíram para outro método mais avançado. Criaram um software que funciona como um vírus que tem por missão encriptar os ficheiros e enviam-no por email às empresas. Dessa forma conseguem que o vírus de encriptação seja ativado de dentro da rede quando o email é aberto na empresa. Tipicamente esse vírus está programado para encriptar os ficheiros durante a noite alguns dias depois de ter sido instalado / ativado.

Por um lado interessa aos cibercriminosos que a encriptação ocorra alguns dias depois de o vírus ter sido ativado para que seja mais difícil perceber de que forma é que o vírus entrou na rede informática da empresa. Por outro lado interessa-lhes que a encriptação seja feita durante a noite porque o processo de encriptação dos ficheiros pode demorar alguns minutos ou algumas horas (dependendo da quantidade e tamanho dos ficheiros). Se ocorrer durante a noite quando não está ninguém na empresa, esse processo de encriptação não vai ser notado por ninguém, não sendo por isso interrompido.

Esse vírus encripta então os ficheiros da empresa e deixa mensagens no computador (ficheiros de texto) com um email de contacto dos cibercriminosos e com a exigência do pagamento de uma quantia em criptomoeda pela palavra passe de desencriptação, ou seja, o *resgate dos ficheiros.*

Do lado das empresas vítimas deste tipo de ataque pode-se imaginar o desespero. Um dia de manhã os funcionários chegam à empresa, ligam os computadores e nada funciona. Uma empresa vítima deste tipo de ataque fica sem saber a que fornecedores deve dinheiro e quanto, fica sem saber que clientes lhes devem dinheiro a si, fica sem informação sobre a produção programada para aquele dia, pois não sabem que encomendas têm, a empresa fica sem saber quando tem obrigações fiscais ou tão pouco quais são e qual o seu valor... enfim, a empresa fica sem saber nada. Podem imaginar o caos.

Qualquer empresa que seja vítima de um ataque destes pára por completo de laborar. Sem acesso a nenhuma informação, facilmente se chega a equacionar inclusive o fecho da empresa. Nestas situações, qualquer empresário que seja vítima de um *ciberataque* destes, não vê outra solução que não o pagamento do resgate aos cibercriminosos. Acaba por negociar o valor do resgate e por lhes pagar na tentativa de repor a situação e o funcionamento

114

da sua empresa.

A forma de atuar destes cibercriminosos evoluiu ainda para outro nível. Lembre-se que no início eles tinham que aceder a cada um dos servidores de cada uma das vítimas e passaram depois a enviar o vírus por email para encriptar os computadores das vítimas. Agora, passaram para outro nível. Agora existe já um comércio de vírus de *ransomware*. Aquele cibercriminoso altamente evoluído tecnicamente que no início conseguia aceder a cada um dos servidores que encriptava, que era o mesmo cibercriminoso que passou depois a enviar os vírus às vítimas e a negociar com cada uma delas, agora limita-se a fabricar os vírus e a alugá-los a terceiros mediante um pagamento inicial e uma comissão por cada resgate conseguido. Isso levou a que a propagação destes *ciberataques* aumentasse exponencialmente.

Agora estes vírus são usados por qualquer cibercriminoso, mesmo que não tenha conhecimentos técnicos para os criar ou perceber sequer como é que funcionam. Basta-lhe organizar uma campanha de envio de emails e aguardar depois os contactos das vítimas para pagarem os resgates pelas palavras passe de desencriptação. Os cibercriminosos que criam os vírus deixaram de contactar com as vítimas e passaram a ter quase que um *negócio de aluguer de software*, afastando-se da prática concreta dos crimes, diminuindo as probabilidades já de si baixas de serem apanhados.

O leitor deve estar a questionar-se neste momento como é que esses vírus infectam os computadores se as empresas têm os antivírus atualizados?

De forma simplista, podemos dizer que os antivírus estão programados para reconhecerem certas rotinas de programação, já identificadas como sendo vírus. Os antivírus analisam todos os ficheiros à procura daquelas rotinas de programação e quando encontram uma dessas rotinas num ficheiro, identificam-no como sendo um vírus e apagam-no, protegendo o computador. Portanto, os antivírus só funcionam para rotinas de programação que já foram usadas e conhecidas como sendo parte de um vírus. Um vírus com uma rotina de programação nova passa indetectável pelos antivírus durante algum tempo. Por essa razão vai haver sempre um vírus novo que vai passar nos crivos dos antivírus. É por isso que a mera utilização de um antivírus não é solução para este tipo de *ciberataque*. Existirá sempre um vírus com uma rotina nova que vai entrar na rede informática da empresa e encriptar os ficheiros.

A única forma que a sua empresa tem para se proteger deste tipo de *ciberataque* é ter sempre cópias de segurança atualizadas dos seus ficheiros. Não se trata de saber *se* a sua empresa vai ser vítima deste tipo de ataque. Trata-se antes de saber *quando* é que a sua empresa vai ser vítima de um *ciberataque* deste género. Não tenha dúvidas de que vai haver um dia em que os funcionários vão chegar à empresa e os ficheiros vão estar encriptados. Nessa altura só vai ter duas hipóteses: ou vai pagar aos cibercriminosos esperando que eles sejam *honestos* e que lhe desencriptem os ficheiros, ou vai repor os ficheiros a partir de cópias de segurança atualizadas.

A segunda opção será sempre a mais lógica e a única que lhe garante voltar a ter acesso aos ficheiros e continuar com a laboração da empresa. No entanto, só vai poder usar essa segunda opção se fizer essas cópias de segurança com regularidade, pois quando o *ciberataque* acontecer necessita de as ter. Por isso deve fazer cópias de segurança diariamente de todos os ficheiros importantes e deve guardar essas cópias num local seguro.

Chamamos aqui a atenção para o facto de que estes vírus também procuram e encriptam eventuais cópias de segurança que estejam nos sistemas informáticos infectados, tornando-as também inacessíveis. Por tal, é importante que as cópias de segurança estejam guardadas de forma segura num local também seguro.

Os primeiros ataques de *ransomware* remontam já ao ano de 2007, o que em termos informáticos representa uma eternidade. Por mais avanços que tenham ocorrido nos antivírus e nas restantes medidas e dispositivos de proteção das redes informáticas, os cibercriminosos continuam ainda nos dias de hoje a encriptar os ficheiros nos computadores das empresas através deste método, o que nos leva à conclusão de que vão continuar sempre a conseguir fazê-lo. Por isso lembre-se e pratique diariamente a única estratégia de proteção capaz contra este tipo de ataque: ter cópias de segurança atualizadas e protegidas.

Em suma, nunca é demais reforçar e deve ficar bem vincado. Para se proteger deste tipo de ataques só existe uma única estratégia: CÓPIAS DE SEGURANÇA protegidas e atualizadas de todos os ficheiros importantes para o funcionamento da sua empresa.

10. EMPRESAS FALSAS

Embora não se trate de cibercrime, este esquema criminoso acaba por se enquadrar no âmbito deste livro uma vez que visa empresas e é todo montado e cometido através da internet.

Neste esquema, os cibercriminosos exploram uma vicissitude dos negócios entre empresas nos dias de hoje que são os pagamentos diferidos no tempo. Sabendo que esses modos de pagamento são usuais em várias áreas de negócios, os criminosos encontraram uma forma de tirar partido dessa vicissitude, comprando produtos sem os pagar. Os criminosos conseguem assim o seu próprio enriquecimento à custa de enormes prejuízos das vítimas.

Tudo isto não seria novidade, pois infelizmente sempre existiram empresas que encomendam mercadoria e não a pagam aos seus fornecedores. No entanto, este esquema tira partido do sentido de globalização que a internet veio trazer à vida das pessoas e das empresas.

Para se conseguir perceber a mecânica deste esquema criminoso que vamos apresentar, importa introduzir aqui o conceito de *seguro de crédito*. Caso já conheça este conceito, sinta-se à vontade para saltar os próximos cinco parágrafos.

De uma forma simples, o *seguro de crédito* (também conhecido por algumas pessoas como *seguro de venda*, ou pelo nome comercial que cada um dos bancos ou seguradoras lhe dá) é um seguro que o vendedor faz para garantir que vai receber o pagamento de uma venda.

Concretizando. Vamos supor que a *EmpresaVendedora* vai vender mercadoria à *EmpresaCompradora*. Nessa venda ambas acordaram que o pagamento iria ser feito trinta dias após a entrega da mercadoria.

Para se salvaguardar, antes de aceitar aquele negócio, a *EmpresaVendedora* consulta uma seguradora (ou o banco com quem trabalha) dizendo que quer fazer um *seguro de crédito* para aquela venda. A seguradora faz um estudo da situação financeira da *EmpresaCompradora* e atribui um valor ao prémio do seguro. A *EmpresaVendedora* paga-lhes então o prémio do seguro, faz a venda e o fornecimento da mercadoria com o pagamento a trinta dias. Ambas as empresas (vendedora e compradora) têm que estar de acordo com aquele seguro. Há também outras versões destes seguros que seguram o crédito de um certo comprador durante um certo período de tempo e uma dívida até um certo montante.

Como funciona o seguro? Se a *EmpresaCompradora* não pagar à *EmpresaVendedora*, paga-lhe a seguradora assumindo aquele crédito, ou seja, se a *EmpresaCompradora* não pagar a encomenda, vai ficar em dívida com a seguradora porque foi ela que lhe saldou a dívida para com a *EmpresaVendedora*. Nesses casos, depois de indemnizar a *EmpresaVendedora*, a seguradora irá ativar os mecanismos legais disponíveis para receber esse dinheiro da *EmpresaCompradora*.

Logicamente, quanto pior for a saúde financeira da *EmpresaCompradora* maior será o prémio exigido pela seguradora, pois terá mais dificuldades em receber o dinheiro caso tenha que indemnizar a *EmpresaVendedora*. Se, pelo contrário, a *EmpresaCompradora* gozar de boa saúde financeira, a seguradora tem todo o interesse em fazer o *seguro de crédito* pois o risco de ela não pagar é diminuto. Mas mesmo que a *EmpresaCompradora* não pague, a seguradora já recebeu o prémio do seguro da *EmpresaVendedora* e vai depois receber da *EmpresaCompradora* o mesmo valor que gastou na indemnização da *Empresa Vendedora*. Lucra assim o valor do prémio deduzido das despesas que tenha tido para forçar a *EmpresaCompradora* a pagar-lhe. De forma muito simplificada, é assim que funciona um *seguro de crédito*.

Mas, passemos então à explicação do esquema criminoso e à forma como é concretizado atualmente.

Para cometerem este esquema, os criminosos necessitam apenas de usar o nome de uma empresa grande e conhecida. Pode ser por exemplo uma cadeia de supermercados, um grupo de distribuição, uma marca conhecida de venda ao público, apenas precisam que seja uma empresa de âmbito internacional com um nome reconhecido na praça.

Os criminosos precisam de criar um domínio de internet para se fazerem passar pelo departamento de compras de tal empresa. Podem por exemplo limitar-se a colocar a palavra "compras" num domínio de internet. Vamos já passar a um exemplo do que poderia ser a concretização deste esquema.

Vamos supor que existe um grupo de distribuição espanhol de nome *Distribuidor Europeo* que opera em toda a Europa e que tem o seu site com o endereço *distribuidoreuropeo.com*. Os criminosos criam um site de internet com a mesma imagem e logotipos do site verdadeiro da *Distribuidor Europeo* e associam-no ao domínio *distribuidoreuropeo-compras.com*. Vão usar esse site para se fazerem passar pelo Departamento de Compras da empresa *Distribuidor Europeo*.

Após, os criminosos têm que encontrar uma *Empresa Vendedora* dos produtos que pretendam adquirir, preferencialmente num país diferente da empresa *Distribuidor Europeo* por quem se estão a fazer passar. Encontrada essa empresa, os criminosos pedem orçamentos para o fabrico e fornecimento de uma grande quantidade desses produtos.

Vendo que pode iniciar negócios com uma empresa de renome internacional e antevendo a concretização de outros negócios no futuro, a *EmpresaVendedora* indica-lhes o seu melhor preço.

A *EmpresaVendedora* troca então vários emails com os criminosos (fazendo-se passar pela *Distribuidor Europeo*) acerca de prazos de entrega, capacidade de produção para vendas futuras, pormenores daquela encomenda e do produto e sobre outras questões práticas daquele e de eventuais futuros negócios. Logicamente em todos esses emails a documentação enviada pelos criminosos tem os cabeçalhos e a identificação da empresa *Distribuidor Europeo* e são provenientes de um endereço de email do género FuncionarioX@distribuidoreuropeo-compras.com.

Durante esse período de troca de emails, os criminosos podem também contactar com a *EmpresaVendedora* (vítima) através de chamada de voz de um número de telefone com indicativo internacional do país da *Distribuidor Europeo*, no nosso exemplo, o indicativo internacional espanhol +34. O número de telefone e os emails utilizados pelos criminosos são efetivamente os que constam no site falso *distribuidoreuropeo-compras.com* criado pelos criminosos, fortalecendo a convicção na empresa vítima de que estão mesmo a falar com o departamento de compras do *Distribuidor Europeo*. Para dar ainda mais credibilidade a estes esquemas, os criminosos podem também configurar uma linha de atendimento tipo empresarial no número de telefone que usam, em que as chamadas são atendida por uma gravação com opções mediante o assunto, do tipo "prima a tecla 1 para clientes, a tecla 2 para pós venda, tecla 3 para…" Bom! Já percebeu, certo? Com esses serviços de atendimento telefónico, quem lhes ligar vai ficar completamente convencido de que está efetivamente a ligar para uma empresa.

Bom, após alguma negociação, os criminosos acabam por confirmar a encomenda, esclarecendo que pretendem pagar a sessenta dias após a entrega do produto, vincando que têm estas condições de pagamento com todos os seus fornecedores.

Esta exigência nas condições de pagamento coloca os responsáveis da *Empresa Vendedora* (vítima) num dilema: se, por um lado, não querem perder este negócio tão avultado nem a perspectiva de todos os negócios futuros com esta grande cadeia de distribuição europeia, por outro, não querem arriscar o envio de mercadoria sem receber a pronto pagamento, pois afinal é o primeiro negócio que fazem com estes clientes. Tentam então negociar as condições de pagamento ao máximo, conseguindo baixar o prazo de pagamento para quinze dias após o envio da encomenda. Com esta cedência aquele cliente demonstrou alguma flexibilidade e da perspectiva da *Empresa Vendedora*, isso também é bom numa relação comercial que se pretende duradoura. Tudo bons sinais.

Ainda que a *Distribuidor Europeo* se trate de uma empresa de renome internacional, a *Empresa Vendedora* não se sente confortável com o envio da mercadoria sem reais garantias de pagamento. É então que decide consultar uma seguradora de crédito. Apresenta-lhes todos os pormenores da venda e toda a documentação que trocou por email com os seus clientes, supostamente a empresa *Distribuidor Europeo*. A seguradora analisa toda aquela documentação e aceita fazer o seguro. Afinal a *Distribuidor Europeo* trata-se de uma empresa conhecida internacionalmente com uma situação financeira sólida e saudável. Caso não paguem aquela encomenda à *Empresa Vendedora*, facilmente a seguradora consegue que a empresa *Distribuidor*

Europeo lhes pague a eles. Para a seguradora é lucro certo.

A seguradora atribui então um prémio ao seguro e a *EmpresaVendedora* paga-lhes esse prémio ficando salvaguardada. Se a *Distribuidor Europeo* não pagar, será o seguro a fazê-lo. A *EmpresaVendedora* aceita as condições da encomenda e começa então a fabricar os produtos.

Para adquirir as matérias-primas necessárias à produção de parte dos produtos, a *EmpresaVendedora* pode ter de fazer um crédito de ajuda à produção junto do seu banco na expectativa de o saldar com o dinheiro que vier a receber da venda.

Fabrica os produtos, fatura-os à empresa *Distribuidor Europeo*, contrata uma transportadora e envia um camião carregado com os seus produtos para o armazém que lhes foi indicado pelos criminosos. Tipicamente, esse armazém é num país distinto do país da empresa vítima e do país da sede da empresa por quem os criminosos se fizeram passar. Daí a necessidade de se fazerem passar por uma empresa multinacional que opera em vários países. Com isso os criminosos acabam por ganhar tempo e por dificultar a atuação das autoridades quando a empresa vítima se vier a queixar.

Passados os quinze dias do envio da encomenda, a *EmpresaVendedora* não recebe o pagamento. Tentam contactar com aquele cliente (Departamento de Compras da empresa *Distribuidor Europeo*) através dos contactos que tinham usado para a encomenda, mas não conseguem porque os telefones e o site foram desativados e ninguém responde aos emails.

Decidem então contactar com a sede da empresa *Distribuidor Europeo* através dos contactos existentes no site *distribuidoreuropeo.com* (site legítimo da empresa). Expõem a situação exigindo o pagamento da encomenda e é então que percebem que o site *distribuidoreuropeo-compras.com* é um site falso que não tem qualquer relação com aquela empresa. Da empresa legítima informam os contactos do seu departamento de compras e é nessa altura que a *EmpresaVendedora* constata que não são os contactos com quem estiveram a negociar.

Percebem finalmente que foram enganados.

Tentando ainda recuperar a mercadoria, os responsáveis da *EmpresaVendedora* investigam sobre o armazém para onde enviaram o camião. Percebem que se trata de um armazém numa zona industrial e contactam com o seu dono. Percebem que ele arrendou aquele espaço por duas semanas a alguém que se fez passar pela empresa *Distribuidor Europeo*. Também ele está à espera de receber o dinheiro do aluguer. O dono do armazém também foi enganado. Foram os mesmos autores com o mesmo esquema. Nesse período de duas semanas, os criminosos descarregaram ali vários camiões de mercadoria e horas depois carregavam-na novamente noutros camiões e tiravam a mesma mercadoria do armazém. O dono do armazém também não sabe quem eram as pessoas que lhe alugaram o espaço nem tão pouco imagina para onde eles levaram a mercadoria. O armazém está vazio.

A *EmpresaVendedora* (vítima) recorre então à seguradora. Afinal fizeram um seguro de crédito para cobrir aquela venda, estão salvaguardados. No entanto, na seguradora dizem-lhes que não os vão indemnizar porque o seguro foi feito para cobrir o crédito resultante de uma venda à empresa espanhola *Distribuidor Europeo*. Se, afinal, a venda foi feita a desconhecidos e não àquela empresa, o seguro não cobre esse negócio.

Já percebeu o que aconteceu, certo?! Assim que chegou ao armazém dos criminosos a mercadoria foi logo transportada para outro armazém e daí rapidamente vendida a preços abaixo do preço de mercado. Os criminosos permitem-se escoar a mercadoria abaixo do preço de mercado, pois, como não a pagam, para eles, é tudo lucro. O armazém encontra-se agora completamente vazio e aquelas duas semanas de aluguer ainda estão por pagar. Os criminosos fizeram tudo através de email e telefone sustentando a mentira num site falso e numa linha de atendimento tipo empresarial. Durante os quinze dias em que tiveram o armazém apenas ali apareceu uma pessoa para ajudar a descarregar e carregar os camiões e nunca se vai saber quem era essa pessoa pois era um mero empregado dos criminosos, contratado não se sabe bem como nem a que título.

Devido a todo este enredo a *EmpresaVendedora* ficou sem a mercadoria que enviou aos criminosos, sem o dinheiro do prémio do seguro que pagou à seguradora, ficou devedora do crédito de ajuda à produção que contraiu junto do seu banco e ainda teve que pagar o transporte da mercadoria até ao armazém dos criminosos.

Num esquema destes, os criminosos conseguem facilmente mercadoria no valor de dezenas de milhares de euros, tudo à custa dos prejuízos das empresas vítimas. Nestas situações dificilmente se conseguem identificar os criminosos ou recuperar a mercadoria que é revendida num ápice. Os criminosos deste tipo de esquemas visam sempre mercadoria que consigam vender facilmente, produtos sem números de série e cuja propriedade não implique qualquer registo, tipicamente bens de consumo.

Por seu lado, as empresas que são abordadas por criminosos com este tipo de esquemas dificilmente se apercebem que estão a ser vítimas de um crime. Se não conhecerem estes esquemas, a perspectiva de um bom negócio e de bons negócios no futuro, leva a que as empresas facilmente sejam levadas a enviar a mercadoria sem receber a pronto pagamento pensando estar salvaguardadas pelo seguro de crédito.

Os sites criados pelos criminosos, a documentação recebida com os logotipos da empresa verdadeira, a faturação da mercadoria em nome da empresa verdadeira, o facto de a empresa vítima ter que negociar os preços e os prazos de pagamento e todo o ambiente empresarial em que as comunicações são mantidas traz credibilidade ao negócio e àqueles supostos clientes. Por fim, o seguro de crédito vai criar na empresa vítima a noção de que o negócio não tem qualquer risco, fazendo com que aceitem enviar a encomenda sem receber o pagamento na hora.

Este tipo de esquemas chega a levar empresas à falência pois visam sempre o fornecimento de grandes quantidades de mercadoria, desequilibrando a situação financeira das empresas que muitas vezes têm até que se endividar para produzir aquela quantidade de produtos.

Agora que já conhece este tipo de esquemas, se na sua empresa for abordado por algum negócio deste género desconfie sempre. Não se fique pelo que os criminosos lhe dizem ou pela documentação que lhe enviam por email. Não se deixe convencer pelo ambiente empresarial de todas as comunicações, mesmo quando liga para os contactos de quem lhe está a fazer a encomenda.

Como forma de proteger a sua empresa, numa primeira encomenda tente sempre confirmar toda a informação sobre o seu cliente. Encontre os contactos da *empresa mãe* por outra forma que não o site que lhes foi indicado pelo cliente. Antes de ter algum gasto com a encomenda no caso que usamos como exemplo, a *EmpresaVendedora* deveria ter entrado em contacto com a sede da empresa *Distribuidor Europeo* e questioná-los sobre aquele departamento e aquela encomenda. Afinal trata-se da primeira encomenda de um cliente novo que quer pagar só depois de receber a mercadoria. Todos os cuidados são poucos.

Em bom rigor, a regra em todas as áreas de negócio deveria ser sempre - pagamento no ato da entrega. É certo que nos dias de hoje, uma empresa que cumpra escrupulosamente esta regra acaba por não conseguir fazer negócio nenhum. No entanto, o comprometimento financeiro de ambas as partes do negócio parece-nos ser uma boa solução de compromisso. Em casos destes, se a empresa vendedora exigir o pagamento adiantado de parte da encomenda, nem que seja de um montante simbólico, essa exigência, por si só, irá afastar o eventual criminoso que esteja a tentar concretizar um esquema destes. Se exigir o pagamento de alguma quantia adiantada e se a encomenda se tratar de um esquema deste género, certamente o criminoso não estará disposto a adiantar-lhe dinheiro algum e não levará o negócio para a frente, procurando antes outra vítima.

Conclusões

O cibercrime veio para ficar. Disso não restam dúvidas. Os números não param de crescer. Os prejuízos monetários provocados nas vítimas por todo o mundo também não. Há já dados estatísticos que indicam que o dinheiro resultante do cibercrime a nível mundial ultrapassou já em larga medida o dinheiro que resulta do tráfico de droga.

Os criminosos já perceberam que existem menos probabilidades de serem apanhados pelas autoridades por crimes cometidos através da internet. Também já perceberam que mesmo que venham a ser apanhados e condenados pelas autoridades, as penas são muito menos pesadas do que se forem condenados por crimes de tráfico de armas, tráfico de pessoas ou de tráfico de droga.

Por isso é muito normal que os criminosos tenham passado da prática de crimes legalmente mais graves para esta nova criminalidade online - o cibercrime. O lucro é muito maior, o risco de serem apanhados é muito menor e não existe qualquer risco físico, pois não há contacto presencial entre o criminoso e a vítima.

Com estes pressupostos, será fácil concluir que o cibercrime não vai parar de crescer. Por isso, mais tarde ou mais cedo, o cibercrime vai bater à porta de todos os internautas. E isso inclui cada um de nós.

Agora que o leitor conhece os tipos de esquemas que os cibercriminosos mais utilizam, pode reconhecê-los quando lhe forem propostos.

Agora já pode proteger-se evitando tornar-se mais uma vítima.

Pode agora identificar cada um destes esquemas criminosos e caso lhe seja proposto, pode proteger-se, pura e simplesmente, abandonando essa comunicação. Não tente enganar o criminoso, perceber quem é, ou onde é que está a pessoa que o está a tentar enganar. Limite-se a abandonar a conversa e a reportar esses factos às autoridades. Esse trabalho é deles. Tenha consciência que se se mantiver em conversação com o criminoso estará só a aumentar a probabilidade de ser enganado. O criminoso não é mais esperto do que você. Ele apenas tem um guião de um esquema que já estudou e melhorou através da sua prática reiterada. Já você, é a primeira vez que está a tomar contacto com esse esquema. O cibercriminoso vai sair sempre a ganhar.

Utilize as técnicas apresentadas neste livro para se proteger. Desconfie, certifique-se, volte a desconfiar, a certificar-se e questione sempre.

Não quero apresentar-lhe uma realidade muito negra. Mas tenha consciência de uma coisa: o mundo está cheio de cibercriminosos e de potenciais vítimas. Com o número de cibercriminosos cada vez maior, há mais probabilidades desses cibercriminosos se encontrarem online com as potenciais vítimas e o leitor, como todos nós, não sendo um cibercriminoso é uma dessas potenciais vítimas. Nesses encontros entre cibercriminosos e vítimas, as vítimas saem sempre a perder. Mas agora, você tem mais e melhores ferramentas para poder contrapor essa estatística e proteger-se nesses encontros cada vez mais certos de lhe acontecerem também a si.

Utilize todas as ferramentas e estratégias que tiver ao seu alcance quando navegar na internet. O que importa é que se proteja.

ÍNDICE